U0933274

国学一本通

徐　潜◎主编

大学·中庸

春秋·曾　子　春秋·子　思◎著　韩维志◎译评

吉林文史出版社

图书在版编目（CIP）数据

大学·中庸/（春秋）曾子，（春秋）子思著；韩维志译评.—长春：吉林文史出版社，2009.4（2022.1重印）
（国学一本通/徐潜主编）
ISBN 978-7-80702-933-5
Ⅰ.大… Ⅱ.①韩… Ⅲ.①儒家②大学-注释③大学-译文 ④中庸-注释⑤中庸-译文 Ⅳ.B222.1

中国版本图书馆CIP数据核字（2009）第038157号

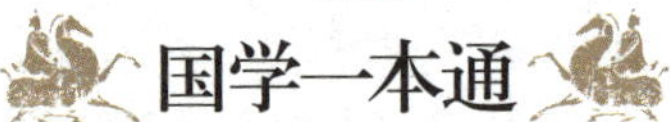

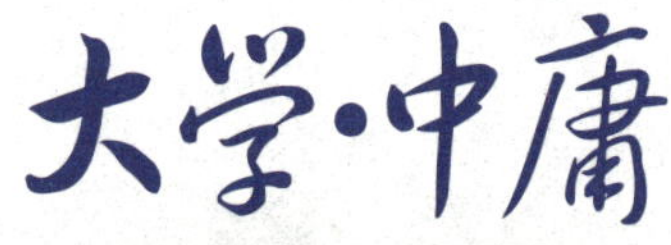

出版人/徐 潜

出版发行/吉林文史出版社（长春市人民大街4646号） www.jlws.com.cn
主编/徐 潜
译评/韩维志
项目负责/王尔立
责任编辑/王尔立 樊庆辉
责任校对/李洁华
装帧设计/李岩冰 柳甬泽 赵 恒
印刷/北京一鑫印务有限责任公司
版次/2009年4月第1版 2022年1月第4次印刷
开本/720mm×1000mm 1/16
字数/280千字
印张/12.5
书号/ISBN 978-7-80702-933-5
定价/50.00元

前言

《大学》与《中庸》，原是《礼记》中的两篇。由于《礼记》被尊为“十三经”之一，所以《大学》、《中庸》也就被历代学人诵读。客观地讲，它们在义理的推阐上较之《礼记》其余篇章要深奥许多，但在唐以前，它们并未受到过分的关注。韩愈“文起八代之衰”，兴起古文运动，提倡传统伦理观，才开始重视这两篇文章，把它们视为至高无上的“经书”。到了北宋时期，这两篇文章更受重视，神宗皇帝把它们颁赐给大臣，大臣们(如苏轼等)也屡次在书信中提及并探讨其隐奥的意蕴，程颢、程颐兄弟更是对之极力鼓吹。二程借《大学》、《中庸》中的论述来阐发自己的哲学观点。并附会说这两篇文章的作者分别是曾子、子思，是上承孔子，下启孟子的中枢，是道统得以延续的关键。南宋朱熹推波助澜，认为它们是“前圣之书”，把它们剥离出《礼记》，而与《论语》、《孟子》一道合称“四书”。这其中不免有些有意地人为夸大。但我们要知道，二程与朱子对这两篇文章的鼓吹也并非全无根据的，这两篇文章是对中国古代伦理观、人生观的总结。《大学》的三纲八条目，尤其是“修、齐、治、平”理想，《中庸》对“诚”，对“中庸”心态的推尊，都对后人产生了极其深远的影响。可以毫不夸张地说，《大学》、《中庸》所阐述的伦理观点已成为儒家文化的一个重要组成部分。

元、明、清三代统治者认识到这两篇文章对统治阶级的无穷益处，于是大力提倡，定为科举必读书，这两篇文章更是风靡一时。它们虽然流行了，但却被庸俗化了，因而对于它们所产生的消极影响，我们也要有一个清醒的认识。但是，被污染的只是下游河水，而源头的清澈可爱则是不容置疑的。

在《大学》、《中庸》中，蕴含了先圣哲人对生命价值的体验和反思，也展示了他们表达思想的卓越才能。因此，对于这两篇文章，今人仍有一读的必要，所以，我对它们进行了重新标点，全文对译，简要评点，以飨读者。

大学中庸

目录

大 学

阅读提示

《大学》的中心内容，在于阐明儒家学派做学问的目的、宗旨和途径。儒家学派做学问的目的和宗旨，有三条：明明德、亲民、止于至善。这叫作“三纲领”。实现这一目的和宗旨的步骤和方法有八条：格物，致知、诚意、正心，修身、齐家、治国、平天下。这叫作“八条目”。三纲领和八条目是一个统一的整体，是不可分割的。儒家学派认为：做学问按照八条目的步骤和方法一步一步地做去，自然地就能够达到三纲领的目标和宗旨。

大学[1]之道，在明明德[2]，在亲民[3]，在止于至善[4]。知止而后有定[5]，定而后能静[6]，静而后能安[7]，安而后能虑[8]，虑而后能得[9]。物有本末，事有终始，知所先后，则近道矣。

古之欲明明德于天下[10]者，先治其国；欲治其国者，先齐其家；欲齐其家者，先修其身；欲修其身者，先正其心；欲正其心者，先诚其意；欲诚其意者，先致其知。致知在格物[11]，物格而后知至，知至而后意诚，意诚而后心正，心正而后身修，身修而后家齐，家齐而后国治，国治而后天下平。自天子以至于庶人[12]，壹是[13]皆以修身为本。其本乱而末治者，否[14]矣。其所厚者薄，而其所薄者厚，未之有也[15]。

注释

①**大学**：大，古时读作“太”。古代人八岁时入小学，学习洒、扫、应、对等日常的礼节。十五岁时入大学，学习做人的道理。本篇讲的是大学做学问的途径。

②**明明德**：明，彰明、发扬；明德，先天固有的德性。《孟子·告子》：“仁义礼智，非由外铄我也，我固有之也。”这种先天固有的德性，就其本体来说，是明净的，所以叫做“明德”。

③**亲民**：有两种解释。按二程、朱熹说，亲，和“新”字通用。新民，革除旧习，做一个“新民”。按王阳明说，亲，亲爱、亲善；和民众相亲爱，或相亲善，叫做“亲民”。两说都通。

④止于至善：达到最完善的境地；指在明明德、亲民两个方面达到最完善的境地。明明德、亲民、止于至善，三者是大学做学问的纲领。

⑤知止而后有定：知止，知道所要到达的境地；定，立定志向。

⑥静：心不妄动。

⑦安：居处安稳。

⑧虑：思虑周详。

⑨得：得到最善的境界。

⑩欲明明德于天下：要想使天下人都能够发扬“明德”。

⑪致知在格物：致，研究、探求；知，知识；致知，探求知识。格，至，即研讨；物，事物。格物、致知、诚意、正心、修身、齐家、治国、平天下，是儒家做学问的八条目。

⑫庶人：老百姓。

⑬壹是：一切。

⑭否：没有。

⑮其所厚者薄，而其所薄者厚，未之有也：就其家而言，当厚的反薄；当薄的反厚，这样的事是没有的。

译文

在大学堂中讲论的最高的为学之道，第一是要显明自己原本就具有的清明的德性(使它不受种种恶的蒙蔽)；第二是要推己及人，使得人人都能够革旧从新，显明他们自己本来就很清明的德行；最后，要把上面提及的两项要求身体力行，把它们置于最高最善的境界上，并一贯地奉行(这三条是“大学”的纲领啊)。只有知道先从自己做起，把自己的意志稳立在最善的境界上，这样意志才会坚定不移；意志坚定不移，这样内心才会纯洁静穆；内心纯洁静穆，这样心思所及之处才会安详；心思安

详不移，这样思虑才能周全；思虑周全，这样才会探求到那最伟大最精微的学问之道而不会紊乱不会动摇。凡是世间的万事万物，它都有自己的本根和末尾(比如，“明明德”便是根本，“亲(新)民”便是末尾)。凡是世间的万事万物，它都有个结局和起始(比如，“知止”便是起始，“能得”便是结局)。如果能够洞悉它的先后主次，那就很近于这“大学”之道了。

往昔古时那些要想显明自己的明德，并推广开去以惠及全天下人的贤者，是一定要先把自己的国家治理好的。要想先治理妥当自己的国家，就一定要先整齐好自己的家庭；要想整齐好自己的家庭，就一定要先从自身做起，使自己德行修洁；要想使自己德行修洁，就一定要先端正自己的心地；要想端正自己的心地，就一定要先使自己的意志诚恳笃实；要想使自己的意志诚恳笃实，就一定先要广泛地获取各种有益的知识；要想获取各种有益的知识，就一定先要考究万事万物的道理。只有经过考究而先穷尽世间万事万物的道理所在，然后才能最大限度地获取各种知识；只有先获得尽量多的各种有益的知识，然后自己的意志才会诚恳笃实；只有当自己意志诚恳笃实了，然后自己的心地才能够端正而不邪僻；只有当自己的心地端正无邪了，然后自己的德行才会修洁；只有当自身德行修洁了，然后才会感召自己的家人，使得家庭也修洁整齐；只有当自己的家庭也整齐修洁了，然后才会感化国人，使得国家也得以大治；只有当国家大治了，才

会使其他国家从而效仿，从而使全天下都达到大治的境地，天下太平。上至尊贵的天子，下至普通的黎民百姓，他们都毫无例外地必须以“修身”为一切的根本。如果世间某一事物，它的本根是混乱的，而希图末节能治理得完美，那是决然不可能的。如果对于那应当厚待的，却反而把它薄待了(比如自己的应该管理得很好的家庭却没有管理妥当)，反说那比较而言应当薄待的，却能够厚待(比如天下、国家相对于修身齐家而论，应薄待，反以为能厚待——即治理得很好，这是倒置了本末)，那是绝对不会获得成效的啊。

评点

“在亲民”的“亲”字，北宋程颐认为应当改作“新”字，这样文义便很明了了。前人认为：这一章是孔子教学生的教案，曾子拿着这老师教案上的三纲领(明明德、亲民、止于至善)和八条目(格物、致知、诚意、正心、修身、齐家、治国、平天下)，予以详细阐明。说这是孔子的教案、曾子所述，是没有实在的根据的，但毫无疑问，它却是对后世影响极重大的一篇文字。这一章阐明了大学的根本——三纲领与节目——八条目，用以教导天下的读书人。古人认为“学”有小大之分：大学即是大学堂。在大学里所研究的学问都是大人先生的学问。所谓“大人”，即是学问上达到了最高地步，将来可以治国平天下的英才。因而，大学教育人的方法，首先要求学生用功，使自己明了“仁”、“义”、“礼”、“智”这些固有的德性；其次要求学生在自我完善的基础上推己及人，使得全天下的人都以自己为楷模，涤除恶行，重新做人，使得天下普遍地达到至善的境界。再有，就是要求君子的德行没有不明的，民德没有不新的，人人稳稳地立在至善至美的境地上，不为外在事物而引诱动摇，从而在意志与行事上，时时处处地体现着“大道”。这便是作者大学之道的根本纲领所在——“明明德”、“亲民”、“止于至善”。

作者认为，凡是与礼教规定与大义吻合的思想，就是人所必须立“止”的地位。如果人能够明白礼义是应当拳拳服膺的，那么他自然会心志坚定。心志坚定了，人心才会镇静。人心镇静了，便会祛除一切邪僻的外在诱惑，身体便会随遇而安，不讲求安逸舒适，以免于玩物丧志了。身体能够随遇而安，到了做事的时候，才会公正无私、无畏无惧，使得谋划精当，而无败事。这样，那明德新民的至善境界就会自然求得了。总的来看，“明德”与“新民”，可以混称为“物”；“知止”与“能得”，可以混称为“事”。但仔细分析，“明德”是根本而“新民”是末梢；“知止”是肇端而“能得”是结果。本根与肇端应当处于优先考虑的地位，而先在这上面用功；末梢与结果应当次于前二者，要后在这上面用功。轻重次序井然不紊乱，这样就会在不知不觉中靠近那“大学”的至高之道了。

善于治天下的贤人与明王，他们以平治天下为己任，但却熟知做事的轻重缓急，不先从治理天下上急促入手，而先去治理好他的国度，以便在自己国度治理好后，使天下翕然向化；他治理国家，却不从国政入手，而从整齐家政入手，因为齐家是治国的基础，治理好自己的家，就会为臣民的家庭树立典范。治家，却不从整齐家政入手，而先修身，只有家长自身德行修洁，可以做家人的表率，才会感化家人。修身，却不从身子入手，而从正心入手，因为古人认为“心之官则思”，认为心是统驭人行为的中枢，是身子的主宰。要正心，却不先忙着正心，而首先努力去从意上用功，因为古人认为意主宰心，只有当心的主宰——意诚笃了，才会使一切由意所发出的想法没有半点虚饰伪装。要诚意，却不先从意上用功，而先想一个办法，使得自己的知识丰富起来。要富足自己的

知识，需要用什么办法呢?作者于是顺势拈出了“格物”一词。即仔细地研究天下形形色色的万事万物，推究它们的终极真理。这便是作者所论述的大学八条目。八条目一条紧扣一条，相邻两条目在逻辑上一个是因，一个是果，一个是前提，一个是终局。它们是作者所理想的求学先后次序。八条目论述严密，环环相扣，令人叹为观止。

从“物格而后知至”到“国治而后天下平”，则是反向逆推。指出在一个前提得以实现的情况下会产生的结果。天下的万事万物，如果能够推究出其内在的“理”，就会真正地丰富人的知识。人的知识得到丰富了，就会使得意思所发，自然诚实无欺。意思诚实了，心便有了主干，也就不会偏颇邪僻了。心志端正而不受外物诱惑，身子自然便会修洁。身修之后，足以为一家表率，这样家庭便自然而然地会治理好。在家齐的基础上，国治与天下平也就不是难事了。这便是古人幻想的治平道路。即全从自身做起，从而推己及人，以道德的力量、教化的力量去影响他人，感化他人，从而达到最高的治平政治理想。格物致知，诚意正心，是用功修身的人所必经的自修阶段。而齐家、治国、平天下，则是身修之后所产生的良好效果。所以作者坚信在八条目中，修身是最关键的一环，是普天之下，不分贵贱都应遵守的真理。

“其本乱而末治者”一句是此章的结束。全天下的人都必须奉修身为根本，这个意思上面已经提到了。在结尾处，作者以简括的两句话，比喻本末倒置的危险性。如果把自身与家、国、天下相比，那么身子当然应该是本，而家、国、天下应该是末。如果一个人不能通过格物、致知、诚意、正心来修身，那么他的根本已经混乱，谈不上什么齐家、治国、平天下的大事了。拿家来与国、天下相比较，那么，家当然是厚，而国、天下当然是薄了。如果一个人自身不能修洁，那么他对家中亲人本该比对于国人、天下人更厚待才对，他如果薄家人而厚天下人，这是绝对不可能的。这样，就又归结到修身是八条目之根本这一意思上来了。

从全篇来看，第一章具有统摄全篇的重要作用，是其余各章的根本，所以朱熹的《大学章句》认为它“盖孔子之言，而曾子述之。其传十章，则曾子之意，而门人记之也”。即认为第一章是神圣的“经”书，以与以下十章区分开来，以下十章是它的推发阐扬。朱子的话是有一定道理的。朱子又认为旧本有很多前后次序颠倒的情况，于是对《大学》篇重新编排。朱子的编定本在后世流传广泛，我们便采纳他的编排次序。

《康诰》[①]曰："克明德。"《大甲》[②]曰："顾諟天之明命。"《帝典》[③]曰："克明峻德。"皆自明也。

注释

①《康诰》：《尚书》的篇名。克：能够。

②《大甲》：大，读作"太"，《尚书》的篇名。顾諟：諟，古"是"字；正是。天之明命：上天关于明德的命令。

③《帝典》：即《尧典》，《尚书》的篇名。克明峻德：峻，大；能够彰明大德。

译文

《尚书·康诰篇》中有这样的训导："要显明你自己本有的美好德性。"《尚书·大甲篇》又说："要时常想到伟大上天所赋予给你的德性。"《尚书·尧典篇》说："要显明那伟大的德性。"《康诰》、《大甲》、《尧典》这几篇的话，都是说要能够彰显自己内心中美好的德性呀！

评点

这是十篇传文中的第一篇，解释的是经文中"明明德"一句的意义。传中三次引述《尚书》的论述，"尚书"是"上古之书"的意思，是中国最古老的文献汇编，在古时享有崇高的声望，所以作者

引《尚书》中《康诰》、《大甲》、《尧典》中的成句，是自有其用意的，即援经以自重，申明“明明德”的观点是与古圣先贤的意见符合的，并非随便地无根游谈。具体来说，《康诰》中的这句引文，是周公训戒卫康叔的话，经文中“在明明德”一句话，与周公对康叔的训导不谋而合，《康诰》原句上下文的意思是：“天下的众人，天生就有这些美好的德性，但后天被利欲所累，以致于晦暗不明了。只有我们的文王，恭敬和众，能够显明这个德性啊。”《大甲》篇中的这句引文，是商代贤臣伊尹训导商君大甲的话，《大甲》原句上下文大意是：“明德是上天所赐与我们的，同这命令一样。但玩忽的人太多了，只有我们已故的先王成汤，念念不忘这上天赋予我们的德性而不敢懈怠的啊！”《尧典》篇中的这句引文，是史臣赞美尧的话。原句上下文大意是：“人的明德，本来极高极大，但天下的一般众人，内心都被私欲占满了，这个明德于是被私欲挤占得变狭小了，只有伟大的帝尧能够显扬这极大的明德。”在时间先后上，《康诰》晚于《大甲》、《大甲》晚于《尧典》，在训导人的地位的尊崇上，周公逊于伊尹，伊尹逊于帝尧。因而，作者在三句引文的顺序排比上，是有着很深的用意的，通过这样比类，三句引文一句比一句更有气势、更雄辩，从而充分地证明了“在明明德”的主张的正确性。三书文句虽然各不相同，但它们的要旨，都是倡导人要自明己德，这样，抬出三圣人为学者的楷模，从而讲明了大学三纲领中的这头一纲。

汤之《盘铭》曰："苟日新，日日新，又日新①。"《康诰》曰："作新民②。"《诗》曰："周虽旧邦，其命惟新③。"是故君子无所不用其极。

注释

①汤：成汤，商代的开国君主。《盘铭》：刻在浴盆上的自警词句。苟日新，日日新，又日新：苟，诚然；诚然能够一日革新旧的思想，就应当一日又一日地不间断地革新下去。

②作新民：作，同"做"；做一个新的人。

③《诗》：指《诗·大雅·文王》篇。旧邦：到文王时，周已立国百余年，所以称"旧邦"。其命维新：文王自新其德，所以能够受天命。

译文

商汤沐浴用的托盘上刻着这样的词句："如果一天能够洗净自己，达到自新，(还不够)而要天天这样地自新，并且再要这样连续不断地每天自新。(使自己每天都能在道德修养上有所进步)"《尚书·康诰篇》说："做国君的要振作起来，使百姓们都能除恶长善，改过自新。"《诗经·大雅·文王》中有诗句道："周王朝虽然是个很旧的邦国，但是它所秉受的天命却是很新的。(因为文王能够天天自新，又能感化百姓，所以百姓也向他学习，都能够自新，因此周所受的天命也是新的，就和新立的国家一样)"所以，有道德的国君，没有一处地方，不是用那最好的办法(而"自新"、"新民"就是为了达到那一极点的良法啊)。

评点

这一章是历引古训，释明经文中“亲(新)民”的意旨。盘，是古人洗沐时用以承接脏水的金属器皿，由于君子每天都要洗脸，所以与盘打交道的时间多，古人为了警示或激励自己，就常在盘上铭刻些言简意赅的哲言警句。商汤是商的开国贤君，他在盘上镌刻的铭辞是很警辟的。他的铭辞语含双关，既是指洗沐身体，更是指洗沐自己的内心：洗心就像洗面一样，如果洗面能去除脸上一天的污垢，那么洗心一天，还不够，为了去除心灵的污垢，还得奋发自新，要坚持天天去洗涤心灵，使得那已变新的心灵更新，自己振作奋发，用一生的功夫毫不间断，才会最终完全地涤除尽心灵中邪僻的私欲。《康诰》“作新民”一句，出自周公对他弟弟卫康叔的训示。康叔被封到卫国为诸侯，统驭殷商的遗民。周公于是特地嘱咐他：商的民众，虽然沾染上了邪恶的旧习，却也有自新的要求，作为他们的君主，对于这些子民，要想尽各种办法，去鼓励他们、奖励他们，使得他们去恶向善，趋于自新。《诗经·大雅·文王》篇是对周王语重心长的教导：周朝从始祖后稷到现在，年代已经久远得很了，是一个古旧的邦国了，但是在文王的统治下，他能自新，又能新民，从而使得这古旧的邦国获得了上天的眷顾，重新焕发了新的气象。自新与新民，其实都是提倡止于至善的境界。上引三节古人议论，为的是要说明：凡是有自新与新民意识的有道君子，都应当学习商汤的自新，学习周公、文王的作新民，获新命，它们都是修身达于止于至善的一种境界罢了。

《诗》云："邦畿千里，维民所止[①]。"《诗》云："缗蛮黄鸟，止于丘隅[②]。"子曰："于止，知其所止，可以人而不如鸟乎[③]？"《诗》云："穆穆文王，於，缉熙敬止[④]！"为人君止于仁，为人臣止于敬，为人子止于孝，为人父止于慈，与国人交止于信。

《诗》云："瞻彼淇澳，菉竹猗猗。有斐君子，如切如磋，如琢如磨。瑟兮僩兮，赫兮喧兮。有斐君子，终不可諠兮[⑤]。""如切如磋"者，道学也。"如琢如磨"者，自修也。"瑟兮僩兮"者，恂栗[⑥]也。"赫兮喧兮"者，威仪也。"有斐君子，终不可諠兮"者，道盛德至善，民之不能忘也。《诗》[⑦]云："於戏，前王不忘！"君子贤其贤而亲其亲，小人乐其乐而利其利，此以没世不忘也。

注释

①《诗》：指《诗·商颂·玄鸟》篇。邦畿(jī)：古时天子的都城及其周围地区，称为"邦畿"。维，语助词，无义。止，居住的地方。诗的大意是：天子的都城有千里那样广大，都是老百姓居住的地方。

②《诗》：指《诗·小雅·缗蛮》篇。缗蛮(mín màn)：形容鸟叫的声音。止：栖息。丘隅：山丘的一个角落。诗的大意是：缗蛮，缗蛮，鸣叫的黄鸟，栖息在山丘的一个角落里。

③子：指孔子。于止，知其所止，可以人而不如鸟乎：就居止的地方来说，黄鸟尚且知道它所应当栖息的地方，可是有些人却贪图禄位，不知道自己所应当居止的地方，这样的人连黄鸟都不如啊。

④诗：指《诗·大雅·文王》篇。穆穆：形容文王道德深远的样子。于：感叹词，无义。缉（jī）：继续。熙(xī)：光明。敬止：没有一件事不是做到敬的地步。诗的大意是：道德深远的文王。啊！继续不断地发扬光大起来，没有一件事不做到敬的地步。

⑤《诗》：指《诗·卫风·淇澳》篇。淇：水名。澳：水靠岸的地方。菉（lù）：和"绿"字通用。猗猗(ě ě)：形容茂盛的样子。斐：文质彬彬的样子。如切如磋(cuō)：好像制骨像一样，切开后还要磋光。如琢如磨：好像制玉石一样，琢好后还要磨平。两句都是形容君子对于道德修养所下的功夫。瑟：严密的样子。僩(xiàn)：宽大的样子。赫、喧：又作赫煊，盛大的样子。諠(xuān)：忘记。诗的大意是：看那淇水的岸边，绿竹青青多茂盛。有位文质彬彬的君子，他的道德修养功夫好像切磋骨像、琢磨玉石一般。他是那样威严啊！胸怀宽大啊！是那样文采煊赫啊！像这样的君子，终究是不可忘怀的啊！

⑥恂栗：恐惧、害怕。

⑦《诗》：指《诗·周颂·烈文》篇。于戏：和"呜呼"同，感叹辞。前王：指周文王、武王。诗的大意是：先王（指周文王、武王)的德泽是那样深远，人们是不会忘记的。

译文

《诗经·商颂·玄鸟》说："京城的地方，宽广有千里，是民众安居的乐土。"《诗经·小雅·缗蛮》说："那缗蛮地鸣叫着的黄色小鸟，栖息在山丘的树木之中。"孔子评价道："那小鸟在丘隅栖息的时候，也知道挑选那适合栖息的地方来歇着啊，而作为堂堂正正的人，又怎么可以连小鸟的这点见识也没有呢?"《诗经·大雅·文王》说："德性深美的文王啊，好呀!他能够持续不间断地做那些正大光明的事业，没有一处地方不恭恭敬敬(所以能够达到至善的境界)。”所以说，那当一国君主的人，要竭尽一片仁爱之心来对待臣下；那些为人臣子的，要竭尽一片恭敬的心来对待君主；那些做人儿子的后辈，要竭尽一片孝顺的心来对待父母；那些为人父的人，要竭尽一片慈爱之心来对待晚辈；与国人结交来往，要竭尽一片忠信的心来对待朋友。

《诗经·卫风·淇澳》说：“看那淇水弯曲的地方呀，碧绿的竹子长势旺盛。有一个文雅的君子，他在学问上下了大力气，就像那磨制骨角的，既已切断骨角，又要磨光骨角；又好比磨制玉的，既已雕好之后，又要磨光它。这样，他的学问，内中是严密坚强的，外表是盛大显明的。那个有文采的君子呀，终究是令人难以忘怀的啊。”引申来说，所谓的“如切如磋”，是说研讨学问下了苦功；所谓的“如琢如磨”，是说自我修养的用心仔细；所谓的“瑟兮僴兮”，是说要以诚实谨慎的态度研讨学问；所谓的“赫兮喧兮”，是说学问成就后，会有令人敬畏的仪表；所谓“有斐君子，终不可谊兮”，是说那盛大的德行已臻于尽善尽美的极致，令人难以忘怀了。《诗经·周颂·烈文》说：“啊啊！从前的贤明君王，真是令人怀念，无法忘怀的。”以后，那些后代的君王们得惠于他们遗留下来的醇美教化，尊敬他们应当尊敬的人，亲爱他们应当亲爱的人；那些后代的黎民百姓得惠于他们遗留下来的恩泽，快乐他们可以引为快乐的事，利用他们可以加以利用的事。所以，前王虽已去世了，但后代的君王和一般百姓还是对他们念念不忘啊！

评点

这一章解释的是经文中“止于至善”的道理。这一章一开头，便引《诗经·商颂·玄鸟》篇诗句。邦畿，是天子的都城，这里用以喻指至善之地。《玄鸟》诗篇中说：王畿，是天下的首善之区，所以普天的民众都向往着这块好地方，希望能来此地居住以提高自己的德性。推阐开来，凡事只要有至善之处吸引人，人就都会对它趋之若鹜了，其道理与《玄鸟》篇中所讲的并没有什么两样。接下来，作者引用的是《诗经·小雅·緡蛮》篇中的诗句。緡蛮，是形容小鸟鸣叫的声音。丘隅，是山角上最高处，这里用以喻指理想之处。小鸟在树林茂盛、网罗不到的山角高处，自然可以尽情地卖弄歌喉了。孔子的叹息与议论，则把这一自然现象上升到了哲理的高度：黄鸟由于懂得选择好地方居住，从而远离危险，快乐自由；而人如果不能选择光明的正道，而以危险邪恶的言行来危及自身，不是在智慧上反不如那小小黄鸟了吗?反讽的语气是很尖刻的，足以发人深省。接下来，作者又引用了《诗经·大雅·文王》中的诗句。这里的“为人君”、“为人臣”、“为人子”、“为人父”、“与国人交”，指的都是同一个人——周文王。所谓“为人君”，指的是文王治理西岐时而言；“为人臣”，指的是文王服事殷纣王时而言；“为人子”，指的是文王做王季的儿子时而言；“为人父”，指的是文王做武王姬发的父亲时而言；“与国人交”，指的是文王与国人平等相处而言。无论是与自己上面的殷纣这样的暴君相处，还是与自己下面的国人、儿子相处，周文王都能够止于至善，所以他仁爱、敬笃、孝顺、慈爱、忠信这些美德全部具备，因而《文王》诗中颂美他永远光明，敬而能安。像他这样的人，是理想中完美无瑕人格的体现，是永远值得后人学习的楷模，所以作者认为，求大学之道的学人，如果能以文王为榜样，以文王的仁、敬、孝、慈、

信五项标准来身体力行，那就会离至善境界不远了。《诗经·卫风·淇澳》一段引文，据《诗序》所说，是卫国人颂美卫武公的文字。作者认为，能够明德并能够止于至善的君子，周文王之后，还有一个卫武公。诗对卫武公的赞美是以淇水弯曲处的丛丛绿竹兴起的。诗人赞美卫武公的文采斐然，他的用心学问，把它比喻成像在做骨角器具一样，又切又磋。他用功的严密，如同做玉石物品一样，又雕琢又打磨。所以卫武公才内心瑟兮而严密，僩兮而武毅，外表也赫兮而盛大，喧兮而显著，所以才被称为有文采的彬彬君子，《诗经》上是这样认为的。引申开来，所谓的如切如磋，其实可以理解为体道者的精心求学；所谓的如琢如磨，其实可以理解为体道者的严密自修；所谓的瑟兮僩兮，其实可以理解为体道者的严敬存于中；所谓的赫兮喧兮，其实可以理解为体道者因为诚于中而形于外的光辉；所谓的有斐君子终不可諠兮，其实可以理解为体道者从学问自修上用功，才能够臻于那恂栗威仪的地步。这样，达到道德极致的至善境界的体道者，就会为万众所景仰而久久地活在历代人心中了。最后，作者引《诗经·周颂·烈文》中的诗句，并加以评论作结。这里，“前王”指的是西周最伟大的两位君王——文王与武王。“君子”则应当理解为成王、康王以后有贤德的帝王，他们以文王、武王治平的仪法为贤，他们亲善文王、武王所开创的伟业。“小人”则是指后代的一般庶人百姓，以区别在位的统治者“大人”、“君子”而言。他们的欢乐是得享贤王赐与他们的太平幸福。他们的利益所在是贤王带给他们的美好制度。这一章，屡屡引用《诗经》中的成句为例证以加强说服的力量，这是作者所一贯使用的论证方法，只不过在这一章里使用得更多更充分罢了。

乙丑初夏仿
米敷文
俟斋徐枋

子曰："听讼，吾犹人也。必也使无讼乎[①]。"无情者不得尽其辞，大畏民志，此谓知本。

注释

①听讼，吾犹人也，必也使无讼乎：审讯诉讼之类的事情，我和人是一样的。我以德服人心，所以讼事不待听自然就没有了。

译文

在《论语·颜渊篇》中，孔子这样说道："谈到听断诉讼纠纷，我和别的法官也没什么两样。要是我能够做到使我治下的人们都以礼义自持，不再互相攻击打官司，那才能表明我治理的真正成效呀！"能够做到使那些本来理屈而没有实情的坏人，不敢陈说他那虚妄的言辞。这是平日感化，可以畏服民众的心志。能够达到这样的效果，是因为在上位的君子能够先使自己的德性修明，然后能化育百姓。这样，才可以称为知道根本的所在哩。

评点 

这一章主要引用《论语·颜渊篇》中孔子的话，来阐释经文中“本末”二字的意义。只论诉讼一事而不旁及别事，是古人说理时举一例百的常用手段。无讼，是明德已新的效果，所以是“末”；大畏民志，是只有君子自己的德行已彰显而不能的，所以是“本”。孔子的志愿显然与一般官僚大不相同。古时官僚的一个相当重要的职能便是料理民事，判断狱讼曲直。能够明察秋毫，准确断案的官员一向享有良好的声誉，一般是衡量一个官员是否合格的标志。但孔子却羞于以这样的善于断案的官员为伍，为什么呢？因为狱讼的产生，本身就说明了该官员治理百姓的不恰当。古人是讲求礼义廉耻的，认为这些是一切的根本。而民间起了诉讼，则说明了教化的不行，与民风的不醇美，这是孔子所认为的一个官员的大耻辱。孔子认为，明断狱讼绝对不是什么值得炫示的优点，因为它只不过是治道的“末”；而化民成俗，以礼义训导百姓向善，从而在根本上化除狱讼争斗的出现，才是治道的“本”，才是最难获取的治术。孔子的慨叹，其中心其实是由本与末的倒置而引发的。接下来，作者又进一步提出：要用什么办法，才能使人民不生狱讼呢？这其实是提出了一个如何治本的问题。作者的答案是：须得使那些自知理屈的人不敢说谎。而这一效果的取得，首先需要统治的官员自己的“明德”已显明，使得天下的人见了佩服，有畏服民志的气概，作者认为这样才算洞悉根本的道理所在了。

所谓诚其意者，毋自欺也。如恶恶臭①，如好好色②，此之谓自慊③。故君子必慎其独也。小人闲居为不善，无所不至，见君子而后厌然④掩⑤其不善而著其善。人之视己，如见其肺肝然，则何益矣！此谓诚于中，形于外，故君子必慎其独也。曾子曰："十目所视，十手所指，其严乎！"富润屋，德润身，心广体胖，故君子必诚其意。

注释

①恶恶臭：恶(wù)，讨厌；恶(è)臭，脏臭的东西。

②好好色：好(hào)，喜爱、爱好；好(hǎo)色，美好的颜色。

③慊：满足，快活。

④厌然：遮遮掩掩的样子。

⑤掩：遮掩，掩盖。

译文

经上所说的"使自己的志意真诚"，意思就是不要自己欺骗自己啊。对于邪恶事物的憎恶，应当像厌恶那腐败气味一样；对于美好事物的喜爱，应当像喜

爱那美丽的容颜一样。如果能够这样地恨其所当恨而爱其所当爱，那就叫做自求快乐满足。所以，那些有道德的君子，在一人独居，别人看不见的时候，是会比在众人面前更加注意修洁自己、小心谨慎的呀。相反地，那些邪恶的小人，他们一向做那邪恶的事，就像每天呆在自己家中一样寻常。他们没有一桩坏事没有干过。等到他们看见了德行修洁的君子，却想隐藏起自己的邪恶，做出遮盖的样子。他们力图蔽盖住自己干的恶事而去显明他们假装要去干的好事。他们却不知道别人一眼便看透了他们的邪恶本质，就犹如一眼看穿了他们胸中的肺和肝一样。这样看来，这些邪恶小人的虚伪假装又有什么用处呢?这就叫做：充实在内里的，便一定会表现在外表上啊。所以，那些有道德的君子，是一定要在当个人独处、别人看不见时，更加地修洁自己、更加地谨慎小心不沾染恶行呀。曾子这样说过：“当一个人独处而别人看不见的时候，要时刻警惕，就好像自己正暴露在别人面前，正有十只眼睛紧盯着自己的一言一行，正有十只手在对自己的言行指指点点，这样的监督，不是很严密吗?”当一个人有了足够的财富时，便可以用钱来光润他的房屋；同样地，当一个人德行修洁到一定程度时，他的德行便可以自然而然地光润他的身体外表。如果一个人心地宽广，因在德行之中而不受私欲的缠绕，自然会身子安舒。所以，有道德的君子，是一定要诚实他们自己的志意的呀。

评点 

这一章是阐释经文中“诚意”两字的意义。其中又可以分为四小节。

“所谓诚其意者”至“故君子必慎其独也”为第一小节。经文中所说的“诚意”二字，到底应该怎样理解才对呢?有道德的君子在格物致知之后，已经明白要行善事去恶行了，但如果仍停留在认识的层面上而不肯脚踏实地地去身体力行，那就是自欺。作者郑重警示那些求诚意的人，千万不可以这样地自欺欺人。如果憎恶邪恶像憎恶臭味一样果决，毅然摒弃它；而慕善像喜悦美色一样趋之若鹜，那么这个人的心才会因好善而恶(wù)恶(è) 而得到快乐与满足，才不再有缺陷了。然而，一个人是否是在欺骗他人欺骗自己，只有他自己最清楚，所以诚意的君子一定要谨慎地时时审视自己的“意”究竟诚不诚，要做到在人后比在人前时更加谨慎、对自己的要求更加严格，才算是合格了。所以，这一节阐明了诚意在于求自慊而戒自欺，要自慊而戒自欺，内中关键则在于慎独二字。

“小人闲居为不善”至“故君子必慎其独也”是第二节。这里小人与君子对举，小人是不慎独的人，而君子则是力行慎独的人。不肯慎独的小人，在独处的时候，认为别人看不到他，于是放心大胆地干那些不正当的事，有的还无恶不做，这是自欺的极致了。但当他们看见诚意君子时，然后想尽办法要遮掩自己的不义，努力做出一副行善的样子，自己却不知道他的伪饰早被明眼人看

得一清二楚，这时再来假装，已经于事无补了。在这里，作者提出了一个“诚于中而形于外”的命题，对自慊与自欺行为做一总结，是极其精辟的。这样，慎独的重要性就不言而喻了。这第二节，是努力说明邪恶小人的不能慎独的弊端所在。

接下来，作者引曾子的一句话来进一步推阐慎独的重要性。一个人，当胸中怀有恶意时，便会有恶象表现在外表，而这是不肯慎独的小人们所不知道的。所以不可以自己骗自己，说什么别人看不见我在做坏事，其实有“十目所视，十手所指”呢！即便是处在那幽独的地方，邪恶也是遮不住的，这样说来，无形的监督也是很严格的。这第三节，便是作者引曾子的话来申明“独”不可不“慎”的理由。

余下几句则构成第四节。如果能慎独，那么自然会有效验。在这里，作者引类譬喻，以资财丰润人屋来比拟德行丰润人身。这样看来，如果人能坚守道义，永久地浸泡在道义之中，就会心中无愧事，从而心胸开广，意态平和，没有欠缺了。既然已经“诚于中”了，则自然会“形于外”，外在的肢体便会无拘无碍，舒服自在了。所以君子一定要诚实自己的志意，诚意是大学之道的一个很重要的方面。这样，作者在这最后一节中，便揭示出了慎独的效验。

所谓修身在正其心者，身有所忿懥[1]，则不得其正；有所恐惧，则不得其正；有所好乐，则不得其正；有所忧患，则不得其正。心不在焉，视而不见，听而不闻，食而不知其味。此之谓修身在正其心。

注释

①忿懥(zhì)：怨恨，愤怒。

译文

经文上说“修身的关键在于端正心志”，是说当心里有所愤恨的事，那么心志便不会端正；当心里有所恐惧的事，那么心志便不会端正；当心里有所喜爱悦乐的事，那么心志便不会端正；当心里有所忧愁困苦的事，那么心志便不会端正。如果心思不能集中在正在做的事情上，(不能时时刻刻地端正)那么，当看一件东西时，便好像没有看见一样；听到一个声音时，便好像什么也没听到一样；吃一样食物

时，也不知晓它的味道到底怎样。这就叫做要想修好自己的身子，便必须先端正自己的心志。

评点 

这一章是阐释经文中“正心”二字的意义，其中又可分为三个小节。

从“所谓修身在正其心者”至“有所忧患则不得其正”是第一小节。这一节一开始，劈头便发问：经文中所说人要想修身，就必须先端正心志，原因何在呢？接着作者自作解答：因为身子的主宰是心，如果在用心的时候，正当心在愤怒的时候，心一怒，就会产生情感上的偏颇，那么心就一定会被愤怒所牵累而不能中正了；心如果有偏于惧怕的方面，那么心就会被惧怕所牵累而不能中正了；心如果有偏于快乐的方面，那么心就会被喜悦所牵累而不能中正了；心如果有偏于忧愁的方面，那么心就会被忧愁所牵累而不能中正了。古人认为心是思维的中枢，是支配行动的主体，一旦这个思维中枢产生了方向性的错误，不能够保持中正无私，那么受它支配的人的行为又怎能中正不偏颇呢？这第一节，说明了心所以不正的种种原因。

从“心不在焉”至“食而不知其味”，是本章的第二节。承第一节而言，心如果已经产生了误差，不能中正，那么身子虽然还在此地，而心却早已向着别处去了。心思不集中，所以眼睛虽然在看着某件事物，而这事物的形状颜色却瞢然无知；两只耳朵虽然在听着什么声音，但这声音具体怎样，却并不晓得；嘴虽然在咀嚼着东西，但食物的滋味却全然不知。眼、耳、口是人的三种最易感受外物的器官；色、声、味是人的三种最易感受的刺激。心思如

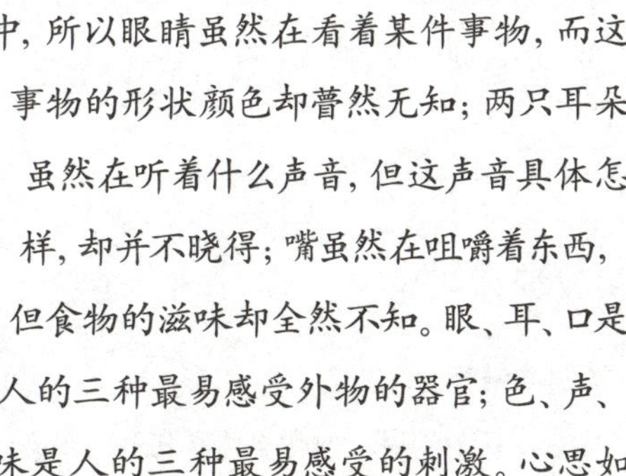

果不集中，不能仔细辨别事物，那么就连这最容易辨别的刺激也觉察不到，何况那更难体味的高深的哲理义蕴，自然也不能辨别的了。这样看来，要想修身，就必须先得端正自己的心志了，这是刻不容缓的急事要务。这第二节，说的便是心如果不端正，那么身便不能修的道理所在。

最后一句是本章的第三节。再次申明：要想修身，就必须先端正心志，这是对经文中所说的“要想修身，就必须先端正心志”的强调。上面两节说的是心不正的原因及弊端，这一节则从正面指出正心必须先于修身这一道理，这样，作者的整个论述便周全而完备地呈现在读者眼前了。

所谓齐其家在修其身者，人之其所亲爱而辟[1]焉，之其所贱恶而辟焉，之其所畏敬而辟焉，之其所哀矜[2]而辟焉，之其所敖惰[3]而辟焉。故好而知其恶，恶而知其美者[4]，天下鲜矣。故谚有之曰：“人莫知其子之恶，莫知其苗之硕[5]。”此谓身不修不可以齐其家。

注释

①辟：通“僻”，偏僻。

②哀矜：哀怜。

③敖惰：敖，通“傲”；骄傲和懒惰。

④好(hào)而知其恶，恶(wù)而知其美：对于自己喜爱的人要知道他有

坏处，对于自己讨厌的人要知道他有美德。

⑤谚：俗语。人莫知其子之恶，莫知其苗之硕；人由于溺爱自己的儿子，看不到他的坏处，人由于贪得心切，看不到自己的田苗长得丰硕。

译文

经文上说“要整齐家政就必须先使自己身子修洁”。这是因为，一般的人，对于自己所亲近或怜爱的人，就会过分地亲近怜爱他，因而不可避免地会有偏爱；而对于那些自己所轻贱或厌恶的人，就会因成见而过分地轻贱厌恶他，因而也不可避免地会有所偏颇；对于那些自己所畏惧恭敬的人，就会过分地畏惧恭敬他，因而会不可避免地有所偏颇；对于那些自己所哀伤矜恤的人，就会过分地哀伤矜恤，从而不可避免地会有所偏颇；对于那些自己所傲视与怠惰的人，就会过分地傲视怠惰，从而不可避免地会有所偏颇。所以，喜欢一个人，而同时又能认识到他的缺点；厌憎一个人，而同时又能认识到他的长处，能这样中正平和地看待事物、处理事物的人，天下真是太少了。所以俗语有两句话是很有道理的，叫做：“一个人是不会认识到他自己儿子的缺陷的；一个人是不会认识到他田地里禾苗的长大的。(因为一方面是盲目的溺爱，一方面是过分的贪心，这样心便偏离了正常轨道，就不能清醒客观地认识事物的本质了。)这便叫做：自身不修好，是不能够整齐好自己的家庭的。

评点

这一章是阐述经文中“修身齐家”的意义的。而又可细分为三小节。

从“所谓齐其家在修其身者”至“天下鲜矣”是第一节，详细说明了一般人在家中不能修好自身，不能成为家人的榜样。修身与齐家二者之间到底有多紧的联系呢?作者认为修身是齐家的前提。人与自己的家人交往，本应该以平和公正的心态去处理各种事情，而不应该有偏颇的意见与倾向。但是多数的常人，却很难以一颗公心处理家事。家中人多，对于那些他可喜爱的家人，他会对之偏爱，不以理义节制，因而产生邪僻之心；而家中必然有地位卑贱而不受他宠爱的人，如婢妾仆役等，对于这些人，他又往往会过分严苛地处置，因而也容易产生邪僻的心；父母等家人是他的尊长，他要尊敬孝养他们，但往往会因尊敬过分而惧怕，对于父母的过分要求与不正行为不敢更正，以至于产生邪僻不良的心思；对于大家庭中那些孤苦可怜的成员，他往往会因哀怜过分，而事事姑息迁就他们，以致于失去公正之心而流于邪僻了；古时大家庭聚族而居，其中自然会有一些人为他所不爱不敬，他因此往往会对这些人生傲慢之心而怠慢他们，这也同样有失公允，会使心流于邪僻。所以，作为一家之主的“君子”，保持一颗公允平和的心是极其必要的。如果能够对于自己所喜爱的人而知其缺陷，对于自己所厌烦的人而能知其优点，那么这样的家长才是一个公正的家长，才会处事公正，为家人所敬仰，这样家政自然就会治理得好了。但能保持清醒的头脑，保持一颗平常心、公平心，能认清事物的本质的人，实在是少极了，因而作者在这一节的末尾发出了“天下鲜矣”这样的慨叹，这是对这类人物的深情而焦渴的呼唤与期待。

从“故谚有之曰”至“莫知其苗之硕”是第二节，作者借用一句谚语，来说明修身困难的原因，自身既已不能修，则不能齐家，已意在言外了。溺爱子女的人不能明白事理，即便是自己子女有坏处，他或是不能发现，或是视而不见；而贪心的人则没有能令他满足的事情，他田里种的禾苗本来已经长势良好，他也常恨苗太小。“人莫知其子之恶，莫知其苗之硕”是一句从生活中提炼出来的，蕴含着深刻哲理的谚语，用它来说明常人好恶之情的偏邪，是非常生动，非常形象的。

最后的一句，则总结说明不能修身就肯定不能齐家这一道理。总的来看，第一节是说好恶偏向，第二节则引用俗谚推阐第一节的意思，这样，再引出第三节不能修身的人，他的行为会对家人产生恶劣影响，自然不能整齐家政这一结论。

所谓治国必先齐其家者，其家不可教，而能教人者无之。故君子不出家而成教于国。孝者所以事君也，弟者所以事长也，慈者所以使众也。《康诰》曰："如保赤子[1]。"心诚求之，虽不中，不远矣。未有学养子而后嫁者[2]也。一家仁，一国兴仁；一家让[3]，一国兴让；一人[4]贪戾，一国作乱；其机如此。此谓"一言偾[5]事，一人定国"。尧、舜[6]帅天下以仁，而民从之；桀、纣[7]率天下以暴，而民从之。其所令反其所好，而民不从[8]。是故君子有诸己[9]，而后求诸人；无诸己，而后非诸人。所藏乎身不恕[10]，而能喻诸人者[11]，未之有也。故治国在齐其家。《诗》云："桃之夭夭，其叶蓁蓁。之子于归，宜其家人[12]。"宜其家人，而后可以教国人。《诗》云："宜[13]兄宜弟。"宜兄宜弟，而后可以教国人。《诗》云："其仪不忒，正是四国[14]。"其为父子、兄弟足法，而后民法之也。此谓治国在齐其家。

注释

①《康诰》：《尚书》的篇名。如保赤子：对待一切人，无论是家人还是国人，都要像对待赤子一般地加以爱护。

②未有学养子而后嫁者：没有先学习养孩子的方法，然后嫁人的。

③让：礼让。

④一人：指君主。贪戾(lì)：贪婪，残暴。

⑤偾(fèn)：败坏、覆败。

⑥尧、舜:尧(yáo),传说中的古代原始父系氏族社会的部落联盟领袖,陶唐氏,名放勋,史称唐尧。传说他推选舜做继承人。舜(shùn),传说中的古代原始父系氏族社会的部落联盟领袖,有虞氏,姓姚,名重华,史称虞舜。

⑦桀、纣:桀,夏桀,夏代最末一代的国君,名履癸,荒淫残暴,为商代所推翻。纣,又称帝辛,商代最后的君主,暴虐无道,为周武王所灭。

⑧其所令反其所好,而民不从:要求别人为善,自己做的却和要求别人的相反。这样老百姓是不会服从的。

⑨君子有诸己:诸,“之于”的谐音,君子自己能够做到的。

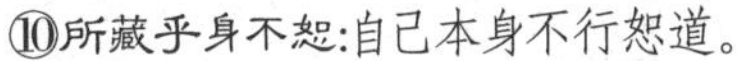

⑩所藏乎身不恕:自己本身不行恕道。

⑪而能喻诸人者:喻,晓谕,而能够以恕道晓谕别人的人。

⑫《诗》:指《诗·周南·桃夭》篇。夭夭:形容桃花鲜红的颜色。蓁蓁(zhēn zhēn):形容树叶茂盛的样子。之子:之,指示代词,这个;子,女子,指出嫁的女子。归:女子出嫁叫做归。宜:友善,和睦。诗的大意是火红的桃花盛开着,绿绿的叶子多茂盛。这个女子出嫁了,和和睦睦一家人。

⑬《诗》:指《诗·小雅·蓼萧》篇。宜:友善,和睦。诗的大意是:和和睦睦两兄弟。

⑭《诗》:指《诗·曹风·鸤鸠》篇。仪:仪表,言语行动。忒(tè):差错。正:匡正,治理。　四国:四方的邦国。诗的大意是:君主的举止不错,匡正那四方的邦国。

译文

经文上说:“要把国家治理好,就必须首先把家治理好。”这句话的意思是:如果自己的家庭尚且不能治理好,自己的家人还没有向善,反而能去感化别人,使之改过向善,那是绝对不可能的。所以有道德的君子,不须走出自家大门一步,却能够使他的教化通行全国而使国人向善。孝顺父母了,自然就可以很好地侍奉君主了;能对兄长恭恭敬敬了，自然就可以很好地侍奉长辈了；能对晚辈慈爱温柔了，自然就会很好地役使众人了(使用众人，即是治国)。《尚书·康诰篇》说："爱护平民百姓，要像爱护那无助的婴儿一样。"引申开来，如果心中诚诚实实地去寻求这个道理，那么，即便不能完完全全地吻合，却也差不太远了。从来没有未出阁的女子，先得学会养育幼儿的方法然后才出嫁的呀。(对孩子的爱是不须后天学习的。如果能对孩子产生爱的情感，那么自然就会爱百姓。那么就可以知道：能够齐家，就一定能够治国。)那为一国君主的人，只要能够感化他自己的家人都有仁爱之心，那么一国的臣民，自然都会跟着学习而有仁爱之心了。国君如果能够感化自己的家人都有礼让之心，那么一国的臣民也就都会跟着学习效法他们而有礼让之心了。反之，如果那做一国君主的人，心里又贪婪又狠毒，那么整个国家的臣民就都会群起效法他而变得贪婪狠毒，祸乱自然便会兴起了。成败祸福的关键即在于此呀。这就叫做，一句话说错了，便有可能败坏事情；一个人(指国君)向善，整个国家便会安定。尧和舜率领天下百姓行仁政，是先从自己变良善开始的，这样，天下百姓跟着效法他们，于是天下大治；而夏桀和商纣这两位亡国的君主率领天下百姓去做恶事，是先从自己无恶不作开始的，这样，天下百姓跟着效法他们，于是天下大乱。如果统治者发出的号令与自己所喜欢的完全相反，(即，命令百姓做善事而自己却行恶事)那么，百姓就不会按他的命令去做，去做良民善人了。所以，有道德的君子，他们先要在自己的身上体现出良善，然后才会去要求百姓们去行良善的事；他们先要在自己身上除去邪恶，然后才会去要求百姓们去摒除邪恶的行为。如果藏在我内心中的，不是推己及人的恕，却能够晓谕众人，使得他们欣然从善，那是绝对不会有的事啊！所以，要治理好国家，就一定要先治理好自己的家庭不可。《诗经·周南·桃夭》说："桃树娇嫩多美好，桃叶蓁蓁多繁盛，这个女子在这桃花盛开的季节，嫁到夫家那里，希望她使夫家上下和睦。"引申来说，所谓的“使夫家上下和睦”，这才可以推广，教导全国的民众。《诗经·小雅·蓼萧》有诗句说：“和顺了哥哥，又和顺了弟弟。”引申来说，一定要先能够使家庭中的哥哥和弟弟和顺团结了，这才可以推广，教导全国的民众向善。《诗经·曹风·鸤鸠》有诗句说：“他在家庭中的威仪没有差错，可以纠正四方国度中不正确的行为了。”引申来说，在大家庭中，作为家人的父亲、儿子、哥哥、弟弟的人，他做事都没有过失，可以为家人立法则了，然后百姓才会来学习仿效他。这便叫做要治理好国家，就必须首先把自己的家庭治理好呀。

评点

这一章阐释的是经文中“齐家治国”四字的意义，而重点则在“不出家而成教于国”一句。按论述的侧重不同，这一章又可以细分为三节。

从“所谓治国必先齐其家者”至“未有学养子而后嫁者也”是第一节，推言不出家而成教于国的原理。整齐家政与治理国家有何内在联系呢?作者认为，国家是由无数个家庭单元构成的，家庭是国的缩影，国是家的放大。如果君子在自己的家庭中，能有效地治理好家政，那么他从家中走出而步入政坛时，就会以成功治家的经验移到有效治国上来，从而卓有成效地治理国政了。反之，如果身居高位的大人君子，如果在家时把家里治得一团糟糕，那就说明他自己的修身功夫还差得很远了，这样的人，不能感化家人向善，又怎么会在走上政坛后成功地以身作则，感化全国的人改恶从善呢?作者认为身不修、家不齐的人，是绝对没有资格教训别人的，因而也是绝对治理不好国家的了。所以，作者要求：治理国政的大人君子，一定得先把自身修炼好，先把自家治理好，认为这两者是治理国政的必要前提。因为上行下效，一旦道德标杆牢牢竖立，国人自然会慕义影从，则自然国家大

治了。因为家和国虽然形式不同，但古人认为它们治理的根本则是一致的，比如，古人就认为只有在家孝顺父母的人，才会忠心服事君主；只有在家尊敬兄长的人，才会顺事官长；只有在家慈爱晚辈的人，才会爱恤民众。作者认为，这便是君子不出家，却能成教于国的根本所在。而“孝”、“悌”、“慈”这些伦常的理，又不是可以勉强得来的。就以“慈”这一项来说，便可以明了只有先齐家，然后才可以治理国家的道理所在了。作者于是征引《尚书·康诰篇》中的成句来证明自己的这一观点：国君爱护民众，就应该像父母呵护疼爱自己幼小的孩子一般，要无微不至地为他们着想。但孩子幼小，不善于表达自己，他心中到底要什么东西，口不会讲，别人又如何知道呢?作者在这里是以生活中实例说理：做父母的人，要拿出自己全部的诚心来，揣摩孩子的心理和他的要求，这样，即便不能百分之百地猜中孩子的要求，却也大致不会差得很远了；国君高高在上，百姓的要求很难达到他的耳中，但他要千方百计地为百姓设想，忧百姓之所急，乐百姓之所喜，努力为百姓排忧解难，以一颗诚心去为百姓做事，那么，虽然不一定会百分之百地令百姓满意，却也不会差得很远了。作者认为，养育孩子与养育百姓，都要以诚心去做，二者的内在原理是相通的。治国，一定先要用功学习，正心诚意地去追求治道，而后才会成功的。接下来，作者又举了个活生生的例子：没有一个女子，会是先学会养育孩子然后再嫁人的。人，只要怀有一颗诚心，对自己要达到的目标全心全意地去做，一边实践一边总结，总会不断进步，并最终到达胜利、成功的彼岸。

从“一家仁”至“所藏乎身不恕，而能喻诸人者未之有也”是本章的第二节，从正面解释不出家而成教于国的实效。身居高位的大人君子，如果能在自己家中对长辈孝，对弟妹悌，对晚辈慈，能尽到自己对家人的应尽义务，能影响家人趋向仁爱之道，使得家人们都有仁爱之心，那么一国的民众就都会被他感化，也会有仁爱之心了。大人君子如果能以礼让的态度来影响家人，使得自己的全部家人都和睦谦让，互相不争，那么国人就会受他的感化而谦退礼让了。作者认为作为统治者，他的感召力与影响力是不可忽视的，国君如果以善政感化民众，便会收到斧钺刑罚所收不到的卓著成效，而他如果不以善政感化民众，则会造成始料不到的严重后果。国君如果又贪婪又狠毒，自己就不讲仁爱谦让的道义，那么他治下的国人，或是会追从他而变成无恶不作的恶人，或是会因无法忍受他的恶政而揭竿而起，无论是哪一种选择，国家都势必会闹大乱子。所以，作者认为，国君作为最高统治者，左右着一国的善恶趋向，他是国家治乱的根本。于是，作者归结道：一国的民众全都具有仁爱退让的美德，那是一定从一家的家政得到良好治理而来的；如果国家政局动荡，民众骚乱，那也完全是由于在上位的君的贪婪不仁所导致的。因为上以此感，下必以此应。这样，作者又归结到一句古话上来：国君一句话说错，就会导致国政败乱；国君如果能谨修自身，国家便会

安安稳稳。由此，作者语重心长地提出：身为国君的人，一定要注意自己自身的道德修养，要以自己为道德标竿去感化家人，首先使自己的家政得到有效治理，然后才会谈到由家及国，全国人民从而效法，从而达到国家大治的目的。“尧、舜帅天下以仁”句中的“帅”字，通“率”，倡导的意思。只有统治者自身修洁、自家整齐了之后，才能安定一国，这是作者一再申明的中心所在。为了加重说理的力度，增强说服的力量，作者于是又引治效卓越的古时圣帝明王为自己议论的佐证。尧和舜都是传说中的善于治国的贤君，他们一开始地位都很卑贱，但却能很好地处理好家庭事务，以致名声显扬，最终被国君选中做了接班人，他们上台后把治家的一套照搬上政治舞台，于是又取得了极大的成功。作者在此处，以尧、舜为正面立论，说明他们自己力行孝、悌等家中美德，使得天下百姓欣然效仿，于是全天下人都讲求仁爱，这便是榜样的力量。如果在上位的统治者不讲求仁爱，不能以身作则，又会怎样呢?作者接下来笔锋一转，从反面进行论证，他举的反面典型是历史上臭名昭著的夏桀和殷纣。夏桀是夏王朝最后一个君王，他在位期间荒淫无道，造巨大的酒池肉林，过着醉生梦死的腐朽生活，不理政务；殷纣在历史学家的笔下，臭名要甚于夏桀，他不但日夜饮酒淫乐，而且残暴之极，设炮烙之刑，对正直的朝臣大肆杀戮，草菅人命，以致于民生凋敝，全国大乱，终被周武王攻得了天下，自己也自焚而死。他们之所以会最后落得个身死国亡的可耻下场，作者认为是他们在根本上错了，他们自身不修洁，对家人也不慈不孝

不悌，所以为天下人树立了为恶的典型，使得天下百众从而效法，人人都变成了多行不义的恶人，由这些恶人组成的国家又怎么会不大乱呢？这便是作者的看法，他的批判是很严厉的。一正一反四个例证举完之后，作者笔锋一转，从另一方面说明了大人君子诚意修身的重要性。像夏桀、殷纣这样的昏君，他们虽然坏事做绝，但他们内心中其实是没有自亡社稷的念头的，那么为什么他们会落得个身死国亡的下场呢？作者于是引申发挥道：那些昏乱的统治者虽然自己不行仁德之事，但为了天下安定，也懂要发号施令，要求自己的属下修行仁德。但由于他所嗜好的是暴政，所行的是恶事，这与他所发出的号令是完全相悖的，天下百姓因此而不肯听从这些号令，可见号令的影响力是远远不如以身作则影响力大的了。这样，作者顺势揭出了自己的正面主张：治国的大人君子，非得自己先修好自身，齐好自家才行，非得先自己有慈爱孝悌这些美德才行。只有这样，然后他发出的命百姓行仁德的指令才会被百姓实行。推己及人，便是恕。如果大人君子自己还是恶的化身，又怎么可能去推己及人，去感化天下百姓去从善呢？作者在此着重指出：这样的事是断然不可能有的。这样，作者总结上两节，指出：治国的大人君子，不必去求别种良法，只要能从自身自家做起，能够齐家，便足够了。

从“诗云：桃之夭夭”至“其为父子、兄弟足法，而后民法之也”。这是本章的第三节。作者三引《诗经》中的成句，或是言家不言国，或是言国不言家，话虽不同，却总归于齐家是治国前提这一要点上。第一次引诗，诗句出自《诗经·周南·桃夭》。春天来了，桃树长势旺盛，桃花盛开，桃叶浓密。诗人于是顺势兴起少女，少女正当壮盛之年，她与早春的桃树是何其相似！她这时出嫁到夫家去，使得丈夫一家人，都能满足相宜，其乐融融。这四句诗，本意是如此。而一经作者征引在这里，则被赋予了新的含义：作为统治者的大人君子，只要先修身，先和顺家人，自会教导国人从善。作者在这里引诗断章，他所需要的只是“宜其家人”一句，并由此附会上自己的观点，生发开去而已，这是读者需要明白的。第二次引诗，诗句出自《诗经·小雅·蓼萧》，这是赞美诸侯的诗篇。诗意是：大人君子在国，能弟敬兄长，兄爱幼弟。作者由此引申道：治国的大人君子，必须先能修身、使家人团结和睦，使兄弟之间无猜疑，才能谈到出令国人，使得一国人民都家和事兴。第三次的引诗，则出自《诗经·曹风·鸤鸠》，这几句诗的大意是：人君的仪表，能够动容中礼而没有差错，便能够做四方民众的表率了。作者由这几句诗，又引申道：齐家治国的君子，能够做到父合乎做父的道理、子合乎做子的道理、兄合乎做兄的道理、弟合乎做弟的道理……那么就算身修家齐，自然会成为全国民众取法的榜样。全国民众向他学习之后，也会使自己的身修家齐，那么自然会全国大治了。这段引诗，是言“国”，而根本仍与上两次引诗一样，归结到身修家齐上，这是作者前后一贯的论点。

所谓平天下在治其国者，上老老[①]而民兴孝，上长长[②]而民兴弟，上恤孤而民不倍[③]，是以君子有絜矩之道[④]也。所恶于上[⑤]，毋以使下；所恶于下，毋以事上；所恶于前，毋以先后[⑥]；所恶于后，毋以从前；所恶于右，毋以交于左；所恶于左，毋以交于右：此之谓絜矩之道。《诗》云："乐只君子，民之父母[⑦]。"民之所好好之，民之所恶恶之，此之谓民之父母。《诗》云："节彼南山，维石岩岩。赫赫师尹，民具尔瞻[⑧]。"有国者不可以不慎，辟则为天下僇矣[⑨]。《诗》云："殷之未丧师，克配上帝。仪监于殷，峻命不易[⑩]。"道得众则得国，失众则失国。是故君子先慎乎德，有德此有人，有人此有土，有土此有财，有财此有用。德者本也，财者末也。外本内末[⑪]，争民施夺[⑫]，是故财聚则民散，财散则民聚。是故言悖而出者，亦悖而入[⑬]；货悖而入者，亦悖而出。《康诰》曰："惟命不于常[⑭]。"道善则得之，不善则失之矣。《楚书》[⑮]曰："楚国无以为宝，惟善以为宝。"舅犯曰："亡人[⑯]无以为宝，仁亲以为宝。"《秦誓》曰："若有一个臣，断断兮无他技，其心休休焉，其如有容焉：人之有技，若己有之；人之彦圣，其心好之，不啻若自其口出。实能容之，以能保我子孙黎民，尚亦有利哉。人之有技，媢疾以恶之，人之彦圣，而违之俾不通，实不能容，以不能保我子孙黎民，亦曰殆哉[⑰]。"惟仁人放流之，迸诸四夷[⑱]，不与同中国。此谓惟仁人惟能爱人，能

恶人。见贤而不能举[19]，举而不能先，命也；见不善而不能退，退而不能远，过也。好人之所恶，恶人之所好，是谓拂[20]人之性，菑必逮夫身[21]。是故君子有大道，必忠信以得之，骄泰[22]以失之。生财有大道，生之者众，食之者寡，为之者疾[23]，用之者舒[24]，则财恒足矣。仁者以财发身，不仁者以身发财。未有上好仁而下不好义者也，未有好义其事不终者也，未有府库财非其财者也。孟献子[25]曰："畜马乘，不察于鸡豚；伐冰之家，不畜牛羊；百乘之家，不畜聚敛之臣，与其有聚敛之臣，宁有盗臣。"此谓国不以利为利，以义为利也。长[26]国家而务财用者，必自小人矣。彼为善之，小人之使为国家，菑害并至，虽有善者，亦无如之何矣。此谓国不以利为利，以义为利也。

注释

①老老：前面的"老"字是动词，当孝养讲；后面的"老"字是宾词，指老人。

②长长(zhǎng zhǎng)：前面的"长"字是动词，当尊敬、敬重讲；后面的"长"字是宾词，指长者或长辈。

③倍：通"背"，违背。

④絜(xié)矩之道：絜，度量，矩，作方的量具；以自己合于礼仪准则的言语、行为，去影响并规范他人的言语和行为，这种方法叫做"絜矩之道"。

⑤所恶于上：恶(wù)，讨厌，厌恶。本段上下、左右、前后各"恶"字，均与此同。

⑥所恶于前，毋以先后：不希望前面人做的事，自己不要先于后面的人去做。

⑦《诗》:指《诗·小雅·南山有台》篇。只,语助词,无义。诗的大意是:快乐的君子,是老百姓的父母。

⑧《诗》:指《诗·小雅·节南山》篇。节:通“截”,截然高大的样子。维:语助词,无义。岩岩(yān yān):高峻的样子。赫赫:威严的样子。师尹:周太师尹氏。具:通“俱”。瞻:瞻仰。诗的大意是:截然高大的南山,岩石高高地耸起。威严赫赫的师尹,老百姓都瞻仰着他。

⑨辟则为天下僇矣:辟,通“僻”,偏私、偏僻。僇(lù):通“戮”,杀戮,一作羞辱。

⑩《诗》:指《诗·大雅·文王》篇。师:众,指众民。仪:通“宜”。监:通“鉴”,借鉴。峻:大。诗的大意是:殷的先王没有失去民众的拥戴,能够配享于上帝。周应该以殷为借鉴,得到天的大命是不容易的。

⑪外本内末:外,疏远;本,仁义;内,亲近;末,财货;远离德而亲近财。

⑫争民施夺:争民,争夺民利;施夺,施行侵掠。

⑬言悖而出者,亦悖而入:悖,悖逆,人君讲出悖逆于礼义德行的言论,民众也用悖逆于礼义德行的言论对待他。

⑭《康诰》:《尚书》的篇名。惟命不于常:惟,唯独;命,天命。唯独天命是无常的。

⑮《楚书》:指《国语·楚语》。《国语·楚语》记载:楚大夫王孙圉到晋国行聘礼,晋国赵简子问起楚国的国宝白珩璧玉之事。王孙圉回答说:楚国并不以白珩璧玉为宝,而是以观射父和左史倚相两个善人为宝。这个故事说明楚国能够内本外末。

⑯舅犯:晋文公母舅狐偃,字子犯。亡人:出亡在外之人。《礼记·檀弓》记载,晋公子重耳出亡在翟国,舅犯随行。晋献公丧,秦穆公遣使至翟吊问,并劝公子重耳趁机返国夺取君位。舅犯劝阻说:“孺子其辞焉。丧人无宝,仁亲以为宝。”这件事说明晋文公也能内本外末。

⑰《秦誓》:《尚书》的篇名。断断:诚实专一的样子。休休:宽容的样子。有容:能宽容人。彦圣:英才聪敏之士。媢(mào)疾:妒忌。违之俾不通:阻抑之使不能上达。殆:危险。

⑱迸诸四夷:迸,驱逐;驱逐到边远的夷狄地方去。

⑲举:举用，任用。

⑳拂:违反。

㉑菑必逮夫身:菑，古“灾”字；逮，及；灾祸必然加到自己身上来。

㉒骄泰:骄，骄傲；泰，侈肆。

㉓疾:不懒惰。

㉔舒:宽舒，宽裕。

㉕孟献子:鲁大夫仲孙蔑。畜马乘：畜养一乘之马，指士初为大夫时。察：料理。伐冰之家：卿、大夫丧祭时用冰以防尸体或祭品变味，所以称卿、大夫之家为伐冰之家。百乘之家：有封地和采邑的大夫之家。聚敛：搜刮分外之财。盗臣：偷窃府库财货之臣。

㉖长:君长。

译文

经文上又说：“要平治天下就必须先治理好自己辖下的国度”，原因即在于：只有当在上位的大人君子，能够孝顺自己的父母，那么在下位的平民百姓自然会受到感动而学习，都能孝养他们自己的父母了；只有当在上位的大人君子，能够尊敬他们的长辈了，那么在下位的百姓们自然会受到感动而学习，都能尊敬他们的长辈了；只有在上位的大人君子，能够抚恤那些孤苦无依的人，那么在下位的百姓自然会感动而去学习，都会心中充满仁爱之心而不会反叛上级了。所以，有道德的君子，是要有推己及人，立着好规矩的道理啊！应该这样：对于那我所痛恨的上级官吏加到我身上的事，我就不要把这件事加到身处我下方的人身上；对于那我所痛恨的下级人加到我身上的伤害，我就不要把这件事加到在我上方的人身上去；对于那我所憎恨的在我前头人所做的恶事，我就不要也这么干以留给我后面的人；对于那我所憎恶的在我后头的人所干的恶事，我就不要也是这样做以奉与我前头的人；对于那我所憎恨的在我右边人所干的恶事，我就不要也是这样做以贻害于在我左方的人；对于那我所憎恶的在我左边人所干的恶事，我就不要也是这样做以贻害于在我右方

的人。只有这样，才能称得上是符合推己及人的，立着好规矩的道理呀。《诗经·小雅·南山有台》中有这样的诗句："这位快快乐乐的君子呀，真是他治下百姓的父母官儿啊。"可以这样引申：在上位的大人君子，能够把百姓所喜欢的事，当成自己的喜好一样地去喜欢；对于百姓所憎恶的事，能像自己所憎恶的事一样去深恶痛疾，这样，才算得上是真正的民众父母呢。《诗经·小雅·节南山》又有这样的句子："那巍峨高耸的南山呀，那山上的山石也高大得令人敬畏；那声名显赫的太师尹氏呀，我们庶民百姓全都仰仗着你啊。"可以作这样的引申：有国家的大人君子不可以不事事小心，倘若有了邪僻的偏心，那就势必会被天下百姓所轻视侮辱了。《诗经·大雅·文王》有这样的诗句："当殷朝还没有丧失掉民心的时候，殷的天子尊贵威严，可以配与上天帝王同被祭祀(后来因为失掉了民心，于是被周武王灭掉了)。所以后代的君王应当仔细借鉴强大的殷王朝之所以一旦灭亡的缘故，他应当明白，那伟大的上天顾命是不容易保持长久的。"这几句诗所要阐明的道理即是：只有当统治者获得了百姓的拥护，才能够长保他的国家兴盛不亡；如果统治者多行不义，丧失了百姓对他的支持，那么他的国家就一定会因众叛亲离而灭亡。所以，有道德的君王，先要谨慎修治自己为人君的德行。只有当君王有了好

的德行，才会有庶民百姓的拥护；有了广大百姓的衷心拥护，才会占有广垠的领土；有了广垠的领土，才会有丰富的资财；有了丰富的资财，才会有足够的用度。可见，德行是一切治道的根本所在呀；而钱财则是治道的末节呀。如果统治者分不清本末，视那根本的德性为末节，反而视末节的钱财为根本，那就会导致百姓们趋重钱财而轻视德性，自相争夺起来。这就好比是在上位的人去施行那教唆抢夺的教化啊！所以对于做君王的人而言，如果他一心想的是如何聚敛钱财，那么他的钱财一定会激增；而钱财的激增，是必然要以剥削百姓，使得百姓无法生存下去为代价的。那么，他的财产增多了，而百姓就必然要流离失所了。反之，如果君王一心想的是如何施惠于百姓，那么他的钱财一定会减少；而减少了的钱财是施与了庶民的。那么，他的财产虽然减少了，而百姓却会因此而得救济。因此，感恩戴德的百姓自然会来归附于他了。因此可以这样说：如果人说话违背了道德礼规，那么别人也就肯定会以违背道德礼规的行为来对待他；如果钱财是以违背道德礼规的不义方式聚敛起来的，那么也一定会以违背道德礼规的方式被百姓抢了去。《尚书·康诰篇》有这样的告诫："一个国家所受上帝顾爱的天命，是没有个定准的。"这就是说：以善良的仁政去对待百姓，百姓就会拥护你，你的国运便会长久；如果以邪恶的方式去对待百姓，百姓就会叛离你，你的国运便会丧亡了。《国语·楚语》有这样的句子："楚国没有什么可以炫耀的宝贝，只是那善人才是楚国真正的宝贝啊。"舅犯教晋文公应答秦国使者时有这样几句话："我作为流亡在外的人，是没有什么可以当做宝贝的，只有拿仁爱亲善他人来当做宝贝。"《尚书·秦誓篇》记秦穆公的话说："倘使有一个贤良的臣子，他只是诚诚实实，

而没有别的技艺，他心中宽宏而且待人谦逊，好像很能宽和容人。他看到别人有出众的技能，就好像自己有一样地高兴；他看见别人品行高超，他便打心眼里喜欢这人，就像从他自己口中说出来的一样。这样的人实在是有容人之心的好人了。这样地宽和容众，便会保护我的子孙后代和黎民百姓了。希望可以对我的国家能够有所助益吧。反之，如果作为在上位的大人君子，看到别的人有出众的技能，就产生了嫉妒之心，开始厌憎他；看见别人品行超过常人，便千方百计地阻挠他、抑制他，使他不能够发达。这样的人，实在是不能包容别人强于自己，就势必不能保护我的子孙后代与黎民百姓。那也可以说得上是会危及我的国家的了！”可以做这样的引申：像这样无容人之心的坏人，只要是那仁爱百姓的圣人在上，就一定要把他流放到边远地区，把他驱逐到四面蛮夷们居住的荒凉之处，不与他一同在华夏居住，以免他为害一方。这便叫做，只有对百姓有仁爱之心的人，才能够喜欢好人、憎恶坏人。如果明知某人贤良，却不能够举荐他；既然能够举荐他，却不能够先用他，这就是轻视怠慢贤人呀。如果明知某人邪恶而不能够贬抑压制他；既然已贬抑压制他，却不能够把他流放到远方，这便是犯了过失了呀。如果好恶颠倒，喜欢那为众人所憎恶的事物，或是憎恨众人所喜好的事物，那便叫做违逆常人的性情，就一定会有灾祸来到这人的身上。所以，在上位的大人君子，有一条修已治人的大道：一定是先以忠诚信实待人，才会得到他人的拥戴；一旦骄傲奢侈，便会为众人所离弃。国家的财政收入也有一条大道：制造财富的人要众多，而消耗财富的人要尽量少；制造财富的步伐一定要紧张勤奋，而消耗财富一定要宽舒。这样，国家的财用就一定会丰足了。那些对百姓持仁爱之心的统治者，是散去自己的钱财给百姓，以使自己获得美好的名声；而那些残暴苛酷的统治者，却是忘记了危险，以自己的美好声誉为代价去搜敛百姓的钱财。一般来说，在上位的国君以仁爱之心对待臣下，而在下位的百姓却不喜欢拿正义的事对待国君这样的事是没有的；在上位的国君喜好正义的事，而他的事业却不得好结果这样的事也一样是没有的；国君的府库里充满钱财，但如果没有这样的国君与这样的百姓，却是他国里的钱财，还有悖乱的忧虑，就不好算作是他的钱财呀。从前鲁国的贤大夫孟献子曾经说过这样的话："养得起四匹马的人家，这是有一定社会地位了，就不应当再去细察鸡和猪这些细事；祭祀时用得起冰的人家，社会地位更高了，就不应当再去畜养牛和马；有一百辆战车的人家，地位更高，就应切忌畜养那专门会为主人聚敛财物的家臣。与其有专门会为自己聚敛财物的所谓干练家臣，还不如有监守自盗的窃我财物的家臣。"引申到治国上来便是：治理国家的人，不可以视钱财为大利益所在，而应该视仁义为最大利益所在，而去孜孜以求啊！那做国家君长的大人君子，却只想着如何使自己富裕的，一定是从那邪恶的坏人开头的了。这类人是非常地精于敛财的。如果信任这样的聚敛小人去治理国家，那就肯定会招来严重的天灾人患。等到民心离散之后，虽然有仁义之人出来收拾残局，这个国家也早已无药可救了。这便叫做治理国家的人不可以视钱财为最大利益之所在，而应视仁爱正义为最大的利益所在啊！

评点

这是《大学》的最后一章，阐释的是经文中"治国平天下"几个字的意义，指出平治天下的前提，即在于治理好一国，而根据论述侧重点的不同，又可分为数节。

从"所谓平天下，在治其国者"至"是以君子有絜矩之道也"为首节，虽然短短数句，却具有统摄全章的重要作用。自此节以下，多是解释天下所以平治的道理，重点在"君子有絜矩之道"一句。"老老"，即老吾老，尊事老年人的意思。在这里，作者以"老老”、“长长”、“恤孤”兴发起要说的意思。在这里，“絜矩”是很关键的一个词。朱熹《大学章句》是这样解释的：“絜，度也。矩，所以为方也。”絜矩即以己心度人心，从而起到规范自己行为的作用。本来这一章主旨要讲为何平天下要先治国，而起首却从老老、长长、恤孤说起，为什么呢？原来，天下的人虽然众多，但内心思虑的却大致没什么两样的。如果在上位的大人君子能够用“老老”的道理去教家，那么国人便会仿效他而去尊事自己的长辈了；如果他能够用“长长”的道理去教家，那么国人便会仿效他而去尊事自己的兄长了；如果他能尽慈爱的心去怜惜孤苦无依的人，那么国人便会仿效他而不会背离了。孔子曾说：“君子之德风，小人之德草，草上之风必偃。”在上位的大人君子的德化便像风一样，而在下位的百姓便像草一样，风吹则草动，吹东风则草向西倒，吹西风则草向东倒，草的倒向全凭风的来向。孔子的这一形象比喻，对于我们更深刻地理解《大学》上行下效的意思，是很有帮助的。一国民众的心理与大人君子家人的心理在根本上说是一样的，所以，大人君子必须要有絜矩的修身之道，去揣度天下百姓的心理，设身处地地为他们着想，那么百姓自然会对他感激涕零，忠心为他服务，则天下自然会大治了。

“所恶于上，毋以使下”至“此之谓絜矩之道”是第二节，讲的是絜矩之道的体现。上一节既已讲到君子要有絜矩之道，那么絜矩之道当如何体现呢？这正是本节要回答的问题。天下的芸芸众生所处的社会地位，是有着上下、前后、左右的不同，但众人的心理却是大致一样的，这样，如果在上位的人常能设身处地地为他人着想，自然会皆大欢喜。在下位的人是很厌恶在自己上位的人加给自己的无礼之举的，如果能明白这一点，那么有道君子便应努力避免这类事；在上位的人是很厌恶在自己下位的人对自己不忠的，如果能明白这一点，那么有道君子便应努力服务上级而避免这类事；在别人之后的人是很厌恶在前的人先“我”的，如果能明白这一点，那么有道君子便应努力避免这一类事；反过来，在别人前的人是很厌恶在自己后的人在“我”之前的，如能明白这一点，那么有道君子便应努力避免这一类的事。同样，居人之左、居人之右的人也要时时处处事事注意这些看上去似乎是细枝末节的小事，这样，“我”既不拿别人所厌恶的事加到别人身上，其他人于是各得其所愿，这便算是做到了絜矩之道了。

从“诗云‘乐只君子’”至“辟则为天下僇矣”是第三节，讲絜矩的道理在于公好恶。民之所好，如食饱衣暖一类；民之所恶，如饥寒劳苦一类。作者认为，只有在上位的君子身体力行这絜矩之道，才能算作是合格的父母官；而一旦失去了这絜矩之道，就势必会落得个身死国亡的悲惨结局。为了论证这一点，作者引用了《诗经·小雅·南山有台》中的诗句来阐发：为什么那快乐的君子被他的百姓爱戴，被称为百姓的父母呢？那是因为他能够忧百姓之所忧，急百姓之所急，像慈爱的父母对待亲生儿女一样，儿女的忧喜便是父母的忧喜，而当百姓的苦乐便是在上位的君子的苦乐时，百姓便会真心地视他为自己的贴心人、保护人，而不是压迫者，这样便会君民和睦、互相倚重，

天下大治了。絜矩之道的效验便是这样地神灵。接下来，作者又征引了《诗经·小雅·节南山》中的成句。作者引《南山有台》说守絜矩之道的效验，然后引《节南山》反论不守絜矩之道将会带来的恶果。那终南山，又高又陡，山上岩石也很危耸，地位显赫的师尹也像那终南山一样，但他却营私舞弊，不能为百姓办事，结果被民众所嘲笑斥骂，《节南山》通篇都是这个主题。作者引此诗，即在于说明：治国的君子，对于一切政事都要战战兢兢、谨慎小心，如果不能尽絜矩之道，

好恶有了偏颇，便会被百姓所遗弃，身死国灭，遭受奇耻大辱。

从“诗云‘殷之未丧师’”至“失众则失国”一节，讲国运的昌隆与衰颓，关键要看能否得到民众的衷心拥护。诗句出自《诗经·大雅·文王》。《文王》赞美周文王以德服人、爱民如子，得到天下百姓的拥护；斥责殷商残民以逞，以致众叛亲离、国家灭亡。诗人认为，如果统治者能好恶同民，民众便会爱之如父母；如果好恶由己，民众便会憎之如寇仇，身死国亡，受人诟辱。这一得一失，其各自结局是绝不相同的。诗人把殷商的今昔作了对比，指出当殷王得到民众支持时，也就得到了上天的眷顾；而当殷王失去民众的支持时，也就失去了上天的眷顾而国家灭亡。殷商的今昔对比是触目惊心的，诗人于是语重心长地告诫周王，要以殷纣失民心而后失国的教训牢记在心，把它当做反面教材，时时警醒自己勿重蹈覆辙，因为伟大的上天眷命是不容易长久保持的啊！诗人的忧患意识是很深刻强烈的，他一再为后人敲响警钟：作为一国统治者的君主要学习周文王，而把殷纣王作为借鉴。君王如果能够像文王那样，得到民众的支持，便会得国；反之，如果像殷纣那样，便会失去民众的支持，便会亡国。

从“是故君子先慎乎德”至“货悖而入者亦悖而出”为一节，

在财货上讲公好恶的重要意义。“先慎乎德”是作者强调的中心所在。慎，是格物致知以启发人的善念，以便能够诚意正心而获致修身的实效。作者认为，民心的得失直接关系到一国的存亡，因此，作为一国统治者的君王，是必须要讲求絜矩之道的。要想平治天下，君子就必须首先要慎修明德。因为只要君王能慎修明德，就一定会得民心，众人就会归附来了。天下百姓都来归附他，那么全天下便自然是他的王土了。有了全天下的领土，四方便会向自己进贡，自然会有财了。有了充足的资财，那就会使自己经国济民的理想得以实现，会有大用了。德——人——土——财——用，作者认为这五者是一个一个递进出现的，而要想平治天下(即“用”)，就必须推本溯源，归结到在上位的君子慎修明德，即絜矩之道上去，这便是作者所坚信的治平根本。在这几者之中，作者认为德是根本的根本，而土、财、用则是由这个根本衍生出来的末，二者轻重缓急是显然不同的。接下来，作者从反面进行了论证。“外本内末”，外是轻视怠慢的意思。内则正相反，重视的意思。假使那在上位的国君反其道而行之，重视财物而轻视德行，又会造成怎样的结局呢？作者认为，那将是灾难性的。国君如果本末倒置，拿着根本的德而不加以顾惜，不肯慎修其德；反而拿着末节的财当做宝贝，奉为重事，而去尽力争取。这样，势必会拿着争夺财利的

恶劣行为去教导天下百姓，那么天下百姓便会群起效尤，互相劫夺，天下势必会为了利字而纷乱不修，又怎么可能达到大治的目的呢?这样，作者顺势得出了财与民不两立的结论。所谓“财聚”，指通过搜刮而把财货储藏在君王手中；“民散”，是指由于“财聚”于上而引起的民心离散。“财散”，是君王散财于民；“民聚”，是指天下百姓归附，是“财散”的结果。作者痛恨君王敛财，认为这是以末为本，在下位的民众无食可吃、无衣可穿，就必然会为了生存而互相争夺，流离失所；而如果君王能端正本末，以德为本而以财为末，散去财物以拯济百姓，那么天下百姓一定会争先恐后地奔向这乐土，所谓“财散则民聚”，意思便在于此。接下来，作者又指出君王号令与财货的“悖”的问题。作者指出：如果国君发出的政令不合乎公理而贸然地发布给臣民，那么天下百姓也会还以颜色，以不合乎公理的行为来反抗君王的昏乱；如果君王搜刮无度而不依据正理，那么天下百姓也会以牙还牙，以不合乎正理的方式取回自己被搜刮走的财物，即武装反抗。可见，财货这东西虽然可爱，但假如国君自己不守絜矩之道，滥用权力，横征暴敛，那便是昧于利而弃于德，是本末颠倒，那便势必会遭到来自于民众的惩罚。事实上，历史上的历代亡国之君之所以亡国，“外本内末”是

最重要的一个原因。作者在这里所提出的警策是发人深省的。

从“康诰曰”至“惟命不于常”是一节，再论得失，重在“善”字。作者认为，做国君的人，慎德与否，直接关系到国家的兴亡大业：慎德则得国，失德则失国，这是万古不变的公理。为了加强论证的说服力，作者引用了《尚书·康诰篇》中周公告诫卫康叔的话，意即：苍天最公正无私，它在上方观察国君的一言一行，如果君王言行合乎德义标准，它便会把国家与百姓交托到手中；否则，它会把国家与百姓从他手中夺走，使他身死国灭，为人所笑骂。周公的告诫与作者的意见正一致，所以他在这里加以引用。

从“楚书曰楚国无以为宝”至“灾必逮夫身”为一节，重点在讲用人方面。这里的“楚书”指的是《国语·楚语下》，楚国大夫王孙圉出使到晋国，晋国大夫赵简子向他卖弄自己的宝玉，并问他楚国是否也有这样的宝玉。王孙圉的回答是：美玉只是物，算不上是宝物。楚国的观射父、左史倚相、云梦泽等，对于国家有重要意义，才算得上是宝物呢。作者在这里虽然征引的《国语》，但已经赋予了引文以新的内涵：要内本外末。像财宝货物，只是为人所用的无知觉物体，绝对不可以把它们奉为“本”；只有那德、善才是最可宝贵的“本”，应当时时奉行不辍，才会国泰民安，天下大治。接下来，作者又引用了《国语》中舅犯教重耳的

答话。舅犯是晋文公重耳的母舅，重耳被他父亲晋献公赶出晋国，在外流浪，舅犯忠心跟从并辅佐他。晋献公死后，秦穆公准备帮助重耳返国为君，于是派使者去吊唁重耳，借机察看是否仁德。舅犯于是教重耳说了这番话，并拒绝了秦穆公的好意，因为借父死而回国夺位是不仁德的。舅犯的意思是：像重耳这样远离父亲而在外流浪的人，是不应当视晋的国土、君位为宝的，而应当视侍奉尊长，仁爱亲人为宝。在舅犯看来，晋的国土与君位是末，而尊事长辈与仁爱亲人才是本。王孙圉、舅犯能够做到内本外末，所以作者对他们提出了表扬。然后，作者又征引了《尚书·秦誓篇》中秦穆公的话。秦穆公不听从老臣蹇叔的意见，执意派兵远攻郑国，结果秦国远征军被晋军攻没，只有三位统帅逃了回来。穆公痛悔不听老臣忠言而致祸，于是当众向秦军将士讲话，表达自己改过从新的愿望。这里引用的部分，表现的秦穆公对于忠信可用臣子的渴求心情。作者引用这段文字，意在说明：絜矩的道理，不单单可应用在财利上，也可以应用在用人上。因为要想平治天下，就必须有一批可靠而能干的官员，而只有君王持絜矩之道，才会选拔出好的官员并自始至终地信任他们。要平治天下，君王就必须能够亲贤人、远小人。这里既已说了择用贤士，作者紧接着便转到摒除恶人上来。“惟仁人能流放之”的“仁人”，是能够絜矩的人，是圣明的君王。作者认为，必须把那些害贤病国的邪恶之人驱除出国。因为这些小人在位，便会嫉贤妒能，阻挠贤士进用，从而败乱国事，这类人在势一天，国家便危险一天。所以，谨修其身的、以絜矩之道自律的君王必须耳聪目明，善于明辨是非，分清善人恶人，拔擢奖励善人，贬斥远离恶人。除恶务尽，为了不使恶人影响、教坏他们周围的人，必须把这类恶人流放到荒凉的四夷，才会消除他们的恶劣影响。这样看来，要流放恶人就必须首先能分辨出坏人，要分辨出坏人就必须首先洁身自律，这样才会以公正无私的大公之心去处事，才会赏善刑恶，因而君王的絜矩之道是非常关键的。“见贤而不能举”句，见，是晓得的意思。举，是任用的意思。先，是早起用的意思。命，轻视怠慢的意思。退，驱逐流放的意思。远，即摒诸四夷不与同中国的意思。君王如果不能以絜矩之道自律，优柔寡断，对于贤臣，他也喜爱，但却不能够放心大胆地使用；即便任用贤臣，也是在拖延很久之后才实行，这便是对贤才的怠慢，是要加以批评的。对于邪恶的臣子，他虽然心知肚明，虽然也厌恶他们，但却不能果断地罢退这些人；即便罢退这些人，却不能忍心把他们流放到蛮荒之地，仍让他们兴风作浪，这是失于宽纵，更要加以批判。这两种行为，都不是做国君所应当实行的，而究其所以然，根本便在于君王没有尽自己的絜矩之道，这是绝对不能够把天下治理好的。“好人之所恶”句。拂，是悖反的意思。逮，是及的意思。如果说上面所说的情况，还属于君王的优柔寡断的话，那么这一句则是尖锐批评了好恶与常人常理相违逆的昏乱之君。好与恶本来是有公认的标准的，但一等昏妄的君王却完全地以美为丑，以丑为美；那些嫉贤害国的邪臣，人人都认识得一清二楚，他却偏偏认为是忠心耿耿，并委以重任；那些爱贤利国的忠臣。天下人都爱戴，他却偏偏认为是不共戴天的仇敌，必欲置于死地而后快。这样的君王，是完全地反悖天下人的评判标准，倒行逆施，必无好下场。而推究这类昏君之所以昏乱的原因，作者认为是他们不能以絜矩之道自律。

从“是故君子有大道”至“骄泰以失之”为一节，重新提出得国失国的根本，重在忠实。处在上位的大人君子，他的仁与不仁，会有显然不同的结局，证之史事，莫不如此。所以作者认为，有平治天下宏愿的大人君子，就必须要谨修修已正心的絜矩之道。而要获得这个大道，却是半点儿也勉强不来的，而必须先得竭尽自己的忠信之心，才能获至这个大道。否则，君王以骄横奢侈的行为，去与众人为敌，好恶完全悖逆常理，就必然会丧失大道，丧失大道也就等于亡国亡身了。

从“生财有大道”至文章的末尾，是最后一节，讲理财的条目，深深告诫君王不可以横征暴敛民脂民膏。作者在财与德二者的关系上，是重德轻财的。但作者也并不完全轻视财货的作用，因为它虽然是末节，但对国家治乱却有极大的影响，所以也不能完全地加以忽视。但即使是理财，也一定要坚持德义原则，要以正当手段敛财、散财。在上位的君王，必须想尽办法，使得四境之内没有不务农的游手好闲之人，那么制造财富的人便多了。另外，君王也要注意切勿使官员数量过多，造成人浮于事的局面，要裁撤冗官冗员，做到官员的精干化。这样不但会减少俸禄支出，从而减轻民众负担，还会提高办事效率。君王还要注意使民以时，不可把繁重的徭役加到农民

头上，使得农民失去务农时间。这样，农人们耕种田地便不会怠惰。国家支出要量入为出，不可超前消费，那么国库储备的钱粮物质，自然就会宽裕不竭了。作者坚信，如果君王能实实在在地实行这些建议，那么就一定会府库充盈、人民富足、国泰民安了。接下来，作者对比了仁人与邪人对待钱财的不同态度。仁德的统治者，深知要以正道获至钱财，不贪得无厌地聚敛个人财产。这自然对百姓有利，那么天下百姓便会来投奔他，这便是作者所提倡的“以财发身”。而不仁的邪人正相反，他眼中只有钱财而不见仁德，想尽一切方法横征暴敛以满足一己的私欲，这势必会给百姓造成极大的灾难。他不明白以德义节制自己，这就一定会逼得走投无路的民众奋起反抗，这样的贪婪君王最终会被他自己的贪心所葬送。这便是作者极力批判的“以身发财”的行径。作者接下来论述的便是上感下应这一公理在聚财散财这个问题上的体现。施与报是双向的，如果君王能以仁爱之心待下，那么百姓自然会做出更积极的回报。这样，对于君王的事，百姓势必会满怀热情地去做。君王的平治天下大业有了民众的参与，就一定会获得成功。并且民众既然能够对仁君报之以义，那么对于君王的财物，就会像自己拥有的一样去尽力保护。这样，君王的府库又怎么会空虚，国家用度又怎么会不足呢?两相比较，作者的倾向性是很明显的：在上位的君王，必须要尽絜矩之道去征收百姓的钱财，即“君子生财，取之有度”。接下来，作者又以鲁国贤大夫孟献子的话为例证证明自己的这一论断。冰是古人丧葬用的，以防止尸体腐烂，这是只有士大夫以上的有一定地位的人才有资格享用的。牛羊与鸡猪一样，都是小民赖以为生的家畜。所谓聚敛，是指分外取财。所谓盗臣，是偷府库财物的人。孟献子认为，大夫的俸禄足以养家，那么便不应当再去养鸡猪；卿大夫以上的高级官员比大夫职高禄厚，俸禄足以养家，就不应当再养牛羊。为什么呢?鸡猪牛羊是普通百姓赖以生存的财产，如果有地位的人也去饲养这些，那就是与人民争利。官员已有俸禄却仍去争利，孟献子认为这便是贪得无厌了。这样引申到治国上来，作者认为对于卿大夫而言，专会横征暴敛的家臣比小偷小摸的家臣危害更大。因为盗臣所危害的只是家主一人；而聚敛之臣所危害的却是百姓，并会最终为家主招致民怨而危及家主。这样看来，君王不应该只想着如何利己，而要想着如何适时聚敛与适时散财，这叫“以义为利”。公义于民，以义为利是作者所大力提倡的，而君王只有先守絜矩之道，才能做到这一点。“长国家”的长，是指君王为国家的尊长。“务财用”的务，是专心的意思。灾是指天灾。害是指盗贼蜂起这样的祸乱。作者有意为尊者讳，认为君王一心一意搜敛民财，这一过失不应由君王承担，而是他在左右小人的唆使下干的。但糟糕的是，这类君王不但不会惩罚这些小人，反而会认为他们能干而加倍信任他们。这就势必会弄得天怒人怨，

灾害并至了。当危机严重到无可挽回的地步时，即便想改弦更张，却也于事无补了。作者的慨叹是很沉重的，这样，在此章末尾，作者再一次大声疾呼：君王作为一国民众的主宰，千万不可以“以利为利”，而要“以义为利”，散财于民！作者论平天下，以倡德开始，以倡义终结，是很讲求轻重缓急的章法的。

总评

《大学》本来是《礼记》中的一篇文章，古人并不认为它比《礼记》中其他篇章尊贵。到了唐代，韩愈才开始把它看做是与《周易》、《孟子》等书同等重要的经书。北宋的理学家程颢、程颐与南宋的理学集大成者朱熹更进一步，认为它与《中庸》一样至关重要。二程认为它是“孔氏之遗书，而初学入德之门也”，把它抬高到入学门径的地位。朱熹则认为《大学》所论述的，都是“穷理正心，修己治人之道”，他主观推测是孔子作经，孔门高足曾子作传，这就把《大学》推到更高的地位上去了。朱熹对《大学》极为推崇，认为它是“为学纲目”，“修身治人底规模”。就像盖房子，读《大学》就等于是搭好屋子的“间架”，它无所不包、无所不能容纳。朱熹之所以这样推尊《大学》，是因为《大学》里的观点很多可以用来填补封建伦理观念的缺漏。

今天看来，朱熹的推尊有些过头了。但从整体上看，《大学》确实是中国古代政治思想史上的一篇具有重要意义的文章，它所提出的三纲八条目对历代读书人起到了极大的影响，具有相当的理论深度与认识意义。

朱熹认为原文错乱之处太多，于是对它重新加以编排。他的重订是有一定道理的，经他编排后，全篇文章更加文从字顺，脉络贯通。又因为他的定本被元、明、清的统治者所采用，定为士子必读书，从而对后代产生了较大的影响，所以我们决定仍以朱子定本为准。但朱熹认为原文缺少对“格物致知”这一目的阐释，因而参以己意加以补缀，这不合乎古书原本，所以对于他所补写的这一部分，我们把它删去了。

中庸

阅读提示

《中庸》的中心内容，在于阐明“中庸之道”。所谓“中席之道”，既是个认识论的问题，也是个方法论的问题。作为认识论，“中庸之道”主张“执两用中”、“择乎中庸，服膺勿失”，就是强调把握事物的质的规定性。作为方法论，“中庸之道”主张“致中和”、“中立不倚”，就是调节自己的思想和行为，使之符合礼仪的准则。无论是认识论，还是方法论，“中庸之道”都主张端正自己的立场，既反对“过”，也反对“不及”，就是进行两条战线的斗争，既反对“左”的偏向，也反对右的偏向。

在自然观方面，《中庸》提出了“诚”的哲学，认为“诚”是宇宙万物的本原。《中庸》说：“诚者，天之道也。”“诚者，物之终始，不诚无物。”宇宙间一切事物，从自然界到人类社会，都是由“诚”派生出来的。这是一种唯心主义的宇宙观。

在社会政治思想方面，《中庸》继承了孔子的仁礼学说。《中庸》说：“仁者，人也，亲亲为大。义者，宜也，尊贤为大。亲亲之杀，尊贤之等，礼所生也。”仁义的准则是以“礼”为基础的，是以维护封建的等级制为原则的。

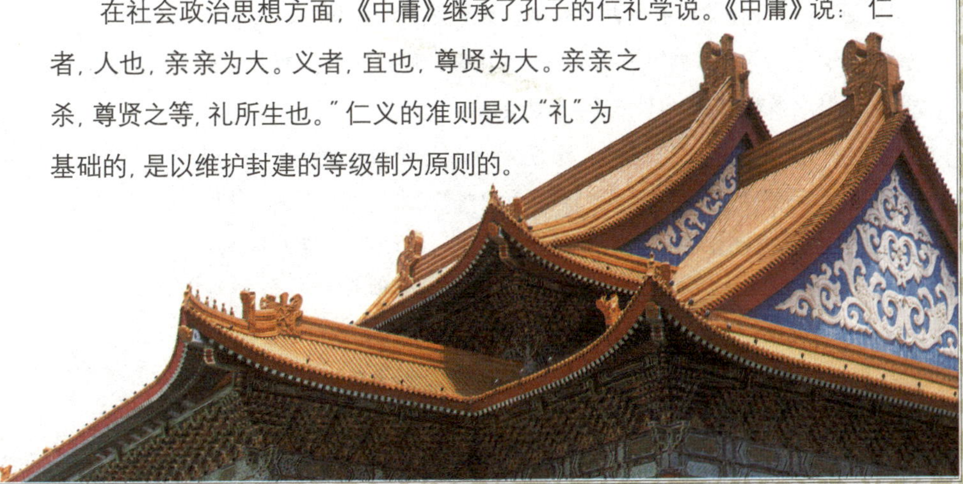

天命之谓性①，率性之谓道②，修道之谓教。道也者，不可须臾③离也，可离非道也。是故君子戒慎乎其所不睹④，恐惧乎其所不闻，莫见乎隐，莫显乎微，故君子慎其独⑤也。喜怒哀乐之未发谓之中⑥，发而皆中节⑦谓之和。中也者，天下之大本⑧也；和也者，天下之达道⑨也。致中和⑩，天下位焉，万物育焉。

注释

①**天命之谓性**：天，指自然的天。命：生成、秉赋。性：人性。自然地生成的，或自然的秉赋叫做人性。

②**率性之谓道**：率，遵循。道，道理。遵循人性自然的道理行事，叫做“率性之谓道”。

③**须臾**(yú)：片刻。

④**戒慎**：警惕，谨慎。不睹：在人们看不见的地方。

⑤**见**：通“现”。隐；隐暗的地方。微：细微的地方。独：独自一人。这句的意思是：修道的事要在情欲等意念还处在隐微、萌芽的状态，就把它克服掉，不让它显现出来，所以君子要自己要求自己。

⑥**中**:指没有“过”或“不及”。这句意为：喜怒哀乐等情感活动尚未表现在外时，不存在“过“或“不及”的弊病，所以叫做“中”。

⑦**中节**:适度，或符合礼仪的准则，叫做“中节”。这句意为：喜怒哀乐等情感表现出来时，做到适度，符合礼仪的准则，就是“中节”。

⑧**大本**：大本源。意思是：心性持中是平天下的根本所在。

⑨**达道**:天下人共同的必由之路。这句的意思是：使思想感情符合礼仪的准则，是天下人共同的必由之路。

⑩**致中和**:使自然之性达到中和这一最完善的境界。儒家学派认为：能够

致中和，既体现了天地化生万物的大德，也是实现了天、地、人三位一体的最高境界，所以称："天地位焉，万物育焉。"

译文

上天所赋予给我们的就叫做性，遵照这一本性去做事便叫做正道，先修治好自己，然后再去把这正道教给了别人叫做教。正道，是不可以一时一刻离开的。如果人们可以随便离之而去的，那就不是真正的正道。正是因为这个原因，所以以"中庸"为行动指针的君子，在别人所看不见的地方尤其注重自己的自修，在那别人所听不见的地方尤其担心自己修行得不好。最易于被别人发现的，莫过于隐藏的事物；最容易被人发觉而显现的，莫过于幽微的事物(因为那幽微隐蔽的事物在我心中潜伏着，外面虽然可以不被人发现，但是

自己是瞒不了骗不过自己的)。正因为这个，所以有道德的君子，在别人所不见不知的一个人独处时，更要对自己严加要求，以避免过言过行。欢喜、气愤、哀伤、快乐这都是人的常见情绪，当它们还没有发作表现在外面的时候，有道君子便会控制它们，而使自己的内心保持平静，心没有一点的偏斜，这便叫做合乎正道的中。而当这些情绪发作出来时，又都合时宜而没有过分，这便叫做合乎正道的和。中这个标准，是天下人最根本的；和这个要求，是天下人人共通的大路。如果能够完完全全地符合中与和的标准，那么我心的位置，也同那天地一样，安排得端端正正，便能够与天地同功；并且我由心所发出的行为，都合乎天地好生之德，世间万物的生长发育，都能顺应它而繁盛了。

评点 

这是《中庸》的首章。据北宋程颐说，《中庸》是“孔门心法”，孔子的孙子子思因担心它在流传中出现偏差，于是“笔之于书以授孟子”。这是把《中庸》神秘化了，并不一定是实情。

本章可以分为三节。

从“天命之谓性”至“修道之谓教”为一节，劈头提出“性”、“道”、“教”三项，用以解释“道”的渊源。作者认为，人各有性，做事有道，圣人有教，这三者名称的由来必须交待清楚：上天以阴阳五行的道理来交付给人，人运用这道理来修成仁义礼智信这些美德，这就叫“性”。人有了性之后，做事遵循它，这就叫“道”。圣人拿这人应当实行的道去约束民众，对他们的行为加以限制，使做事过分的人回撤，使做事不及的人前进，这就叫做“教”。在作者看来，先有“性”，后有“道”，再有“教”，“性”、“道”、“教”三者是相承的，在逻辑上有着前因后果的联系。

从“道也者不可须臾离也”至“故君子慎其独也”为一节，讲个人的存养自省，认为这是体味道境所必须的。上一节讲的道有宇宙间终极真理的意味，作者认为，它散于日常事物，隐藏在人的内心之中。世间万物虽多，但却没有一件物，没有一时半刻能离开它而存在的。所以，人如果要存向善之心，就必须好好保存自己心中这个道，而不可以有一霎时离开它。道与人是一体的，如果人能脱离道而自立，那么这便不是真正的大道了，而是外来的凡物了。所以，作者点醒体道的君子，对于这伟大的天道，即使在众人眼睛看不到的地方，也要谨慎警戒，而不可以有一时的疏忽大意。即使在众人听不见的地方，也是一样。这样，无论是在人前，还是在人后，存向善之心而

努力自修的君子必须时时刻刻注意自己德性的修养，而不可以人前一套，人后一套，否则，是不会在德性的修养上有真正的进步的。“莫见乎隐”，“见”应作“现”讲，即显现。见是显现在外的外在，隐是指内心的实质。外在的事物易于把握，而内在的人心却难以观测，所以修心更为重要。“慎独”即谨慎独处之时，这是承上两句而提出来的。道贵在个人的刻意培养，也贵在个人的自觉省察。在那幽暗的地方，虽然别人看不到，但体道者自己却应清醒地认识到：这是天下最容易发现的。同样，那些细微的事情也是最易于被人发现的。因为人的思想与行为无论怎样遮掩，终会被人发现。体道的君子为了这个原因，对于独知的境地，尤其谨慎小心，甚至于要超过在人前的谨慎。这便是自修的真正境界。

从“喜怒哀乐之未发”至“万物育焉”为末节，讲体道的原因与体道的效验。欢喜、愤怒、哀伤、快乐等是正常人都有的普通情感，但作者认为却不可以让它们随便发泄。过分地欢喜、愤怒、哀伤与快乐是不足取的，为什么?因为它们超过了中正平和之道。在这里，“中”与“和”是两个很关键的词。中，是不偏不倚，保持一种无所向意的处事度。中节，即是合于自然的中正之道。和，是对待事物能保持一种平常心，不与自然的中正之道相背离。上文已说过，道是人所不可片刻离开的。在这里，作者以人的普通情感为例剖析它的不可“须臾离”。喜怒哀乐是人的情，当它们尚未表现在外的时候，要努力控制它们，因为这四者都是很强烈的情感，如果不加节制，必然会过了头，而这正是作者所极力反对的。那么如何控制它们、节制它们呢？作者提出，要在它们发露于外之前，先在心中调控一下，使得这些强烈情感不过分，不偏颇。这样，表露在外的这四类情感，就会平和了。以愤怒为例，大喊大叫、张拳举腿，这是丑陋的，不文明的；而有修养的君子，则有不怒自威的仪态，这便是经过调节修养之后的怒了。中是君子的内在修养功夫，和则是这内在修养功夫的外在表现。整体来看，天命的性，它存在于世间万事万物中，事物虽然千变万化，却万变不离其宗，它是天下的大本。而中和便是这至高真理在个人修养上的具体体现。中和的道很大，上文曾以“大本”与“达道”来比喻，那么做君子的，就必须在这上面用功夫。如何用功夫？要在自修中注意戒慎，无论人前人后都一丝不苟地对自己高标准严要求，去除一切偏倚不正之心，那么，就会使自己“中”的功夫达到极致。古人认为天与人是合一的，自然界是大宇宙，个人是小宇宙，如果我心中正无私，位置正确，那么天地便会与我一道中正了。用这刻意慎独的功夫，从最隐微处到接应万物，便不会出现一点儿差错，使和的功夫达到极致。那么，天地便会因为我气度和顺而变得平和，万物欣欣向荣，得以生育繁衍了。

仲尼曰："君子中庸，小人反中庸。君子之中庸也，君子而时中。小人之中庸也，小人而无忌惮[①]也。"

注释

①仲尼：孔子，名丘，字仲尼。春秋时期鲁国人，著名的思想家，伟大的教育家。忌惮(dàn)：顾忌，禁忌。

译文

孔夫子这样说道："有道德的君子所做的事情，都是依照着中庸的道理的；而没有道德的小人所做的事情，则违背着中庸的道理。有道德的人，他之所以能依照中庸的道理做事，是因为他能够时时刻刻谨慎小心，把心放在中的位置上；而无道德的小人，他之所以违背中庸的道理，是因为他没有什么顾忌心与畏惧心(所以才为所欲为呀)。"

评点 

这一章，说明本书用中庸名称的原因。之所以引用孔子的论述，是因为孔子在中国历史上地位尊崇，他的话更易于使读者接受。在这里，作者以“君子”与“小人”对举，表示有道德修养与无道德修养的两类人。中庸的道，是上天赐给每个人的，是人人天生就具有的“性”。但是，只有那道德修养有成的人，做事才能够没有偏向，也没有太过头与不及的毛病，他们做事能够遵循中庸的道理。而无道德修养的小人则正好相反，他们做事不依中庸之道，而完全凭着个人喜好厌恶，那就一定会失之偏颇。在这里，作者讲了体道与离道的两种人。“时中”，是从做事上讲，指做事恰到好处。那么，为什么只有君子才能尽中庸之道，而小人则不能呢?这是因为，君子对于中庸，能够注意存养它，在有所动作时，又能时时省察它。君子本已有行善的德行，而在待人接物上又能时时谨慎小心，这便是他能够中庸的原因。而小人与君子不同，他平时不注意存养它，在有所动作时，又不能时时省察它。并且，他本性素习于恶，到了待人接物时，任性而行，肆无忌惮，这便是他不能中庸的原因所在了。

子[①]曰："中庸其至矣乎，民鲜能久矣[②]。"

注释 

①子：子，指孔子。下同。

②民鲜能久矣：《论语》无"能"字。鲜：很少。

译文 

孔子说："中庸这个道理，可以说是极好的了。可惜，民众却很少能够明白这道理，运用这道理去做事！"

评点 

中庸的道理，不单是那些小人们不能明白，就是寻常人，甚至身居高位的人也不能够照着这道理去做事。所以孔子极为痛心地发出了上述叹息。作者认为，中庸作为终极真理，既没有太过的弊病，又没有不及的缺点，可以说是尽善尽美，独一无二了。但曲高者和寡，它却不为一般人所赏识，作者发自内心地对这一不合理现象感到愤怒。

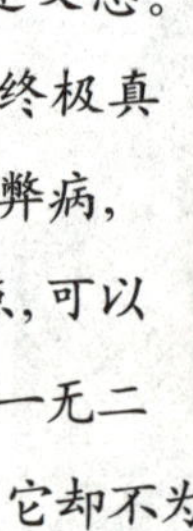

子曰："道之不行也，我知之矣；知者过之，愚者不及也。道之不明也，我知之矣；贤者过之，不肖①者不及也。人莫不饮食也，鲜能知味也。"

注释

①不肖(xiào)：不贤良，不正派，指反中庸的人。

译文

孔子说："中庸这大道是很难在天下通行的，这我已经知道了。聪明的人好高骛远，往往做事会过了头；而愚笨的人却力有所不及，而往往不知该怎么去做。中庸这道理是很难通行天下，这我已经知道了。能干的人，做事往往过头，这是错误的；而没有才干的人，又不会做，这一样地不可以啊。中庸对于人是极为重要的，它就像人必须吃饭饮水才能活命一样地重要，但人人能吃喝，却很少有人懂得吃喝的味道。而普通人对于中庸也是如此呀！"

评点

这一章是正说民众之所以不能行中庸之道的原因。从"子曰道之不行也"至"不肖者不及也"是一节，推论中庸之道难以实行的原因。"道之不行也"的"道"，便是中庸的道。所谓"不行"，是指中庸正道不能在天下流行起来。"知者过之"的"知"，同"智"，智慧的人。过，是超过了"中"。不及，是没达到"中"。

不肖者，是柔懦的庸人。在这里，作者把知者与愚人、贤者与不肖者对举，用以说明道之难行。作者认为，中庸作为中道，人人生而具有，那么就应当能明白它并实行它。但多数的人却既不能理解它更不能实行它，这不是因为人的禀赋有问题，而是一个是否有决心去实行它的问题。在这里，作者借孔子的话分析了中庸不能流行天下的原因所在。除了存心为非作歹的小人之外，人可分为智人与愚人，或贤人与不肖者。在这里出现的智人与贤人，本质上并没有差别。愚人与不肖者也是一样。聪明的人天分高，他们很容易获取知识，这就容易产生一个弊病，那就是看不起他所获得的知识。而中庸就是这样一类被他们忽视的知识。聪明人自以为是，认为中庸之道不足取，所以很容易在做事时超过中庸的原则而流于“过”。愚昧的人天资很差，昏昧而浅陋，他们获得的知识少，这就使他们在做事时达不到“中”的标准。对于中庸之道，他们认为自己天分不足达不到，所以他们也不能够行中庸之道。可以说，智者与贤者之所以不行中庸之道，是因为太过于自以为是，他们缺少的是虚心；而愚人与不肖者之所以不能行中庸之道，则是因为他们自认不行，他们缺乏的是恒心与毅力。无论智与愚、贤与不肖，要实行中庸之道都有一些亟待克服的困难，所以它很难实行了。接下来，作者提出了一个非常形象而深刻的比喻：人都是要依靠每日的吃喝才能生存的，但并非人人都能成为高明的美食家；对于中庸，人是不可以须臾脱离的，但却很少有人能真正地认识到它的重要意义而去实行它的。

子曰："道其不行矣夫！"

译文 

孔子说道："中庸的道理，大家全不明了，唉！这大道怕是不能实行了吧！"

评点 

这一章承上章智者愚者都不能行中庸之道而来，它的作用是承上启下，引起下章论舜事。行中庸之道，前提是要明了它。人们既已不能明白中庸之道的真正意义，也就不会去实行它了。这一章仍是引用孔子的感慨来代作者立言。中庸之道之所以不能流行于世，在于智慧的人太过，而愚昧的人不及，所以作者借孔子的话来发泄自己心中的忧虑。

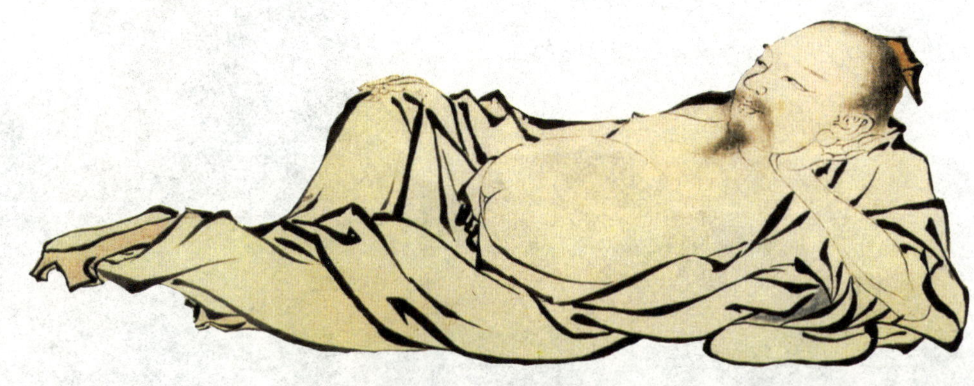

子曰："舜其大知也与。舜好问而好察迩言，隐恶而扬善，执其两端，用其中于民[1]，其斯以为舜乎。"

注释

①舜：古代传说中的父系氏族社会后期的部落联盟领袖。有虞氏，姚姓，名重华，史称虞舜。尧去世后即位，任用贤人，治理民事，称为贤君。大知：很有聪明才智。知，通"智"。好察迩言：迩，当"近"字讲。传说舜在宫中置敢谏之鼓以采纳谏言，所以说他喜欢在近处体察谏言。执其两端，用其中于民：对事物能够把握正反、本末、始终等两方面，选择其本质的规定来认识和处理事情。

译文

孔子说："大舜这个人，实在称得上是个绝顶聪明的人呀！舜遇事，无论自己知道还是不知道，都不厌其烦地向别人咨询，也不忽略别人看似浅近的言语。别人有不好的事给他知道了，他便把它隐瞒起来，不让其余的人知道；如果别人有一丁点的好事情，他就到处为这人宣扬，使得人人知道。大舜拿着过和不及的两个极端，仔细审度，选择那适合中道的道理，给百姓做表率。像舜这样地为人处世，我们才会成为大舜这样的伟人呀！"

评点

这一章以申明“中”这一大道为主，重点在“大知”两字。大知，即最高智慧。好，是以至诚之心努力求益。问，是广泛向他人咨询。迩，近。隐恶，表明了舜的广大能容。如果人没有知识，就不能够体味道。但即便是有知识，这知识也有小大之分。孔子所赞美的舜，便是大知的代表。天下的事理是没有穷尽的，而一个人的知识却非常有限，所以，人必须虚心。否则，像上文所谓的“知者”是一样不能体觉中庸正道的。而舜虽然天分过人，却非常谦虚，遇事不肯独断专行，而是不耻下问，广泛征求臣民的意见。即便是听来的话很浅近，他也一定要仔细斟酌，力图从中发现对自己有益的东西。如果某人的话不合乎法理，是恶言，他虽然不采用，也不给他宣扬出去，以免对那人不利。如果某人的话有一点点可取，他便为他宣扬，使别人都来效法。在咨询的时候，他仔细审度各方言论，去除过头与不及的建议，而采用中间的正道，这是最合法度的。于是便施行到民间，这是合全天下人的智慧为一身的智慧，所以说他是有最伟大的智慧。

子曰："人皆曰予知，驱而纳诸罟[1]、擭[2]、陷阱之中，而莫之知辟[3]也。人皆曰予知，择乎中庸，而不能期月守也。"

注释

①罟(gǔ)：网。

②擭(huò)：捕兽的机槛。

③辟：通"避"。

译文

孔子说："现在的人，都很自负地声称自己聪明，但把他们撵来放在网、笼与陷坑中，他们却不知道如何去躲避这些灾难，能算是智慧吗？人人都认为自己聪明，叫他们去选择那不偏不倚的中庸正道，他们却连一个月也坚持不到，像这样不知去恶向善，还算得上是聪明吗？"

评点

这一章承上文贤、不肖而来，并引出下章论颜回事。这章的两个"予知"是人自命不凡的话，与舜的好问不自用恰恰相反。一般来说，凡是利之所在，同时也就是大祸的隐伏。在这里，作者用罟、擭、陷阱作比喻，喻指极大的危险。罟、擭、陷阱，虽然危险，而人依然不想办法规避，这就与中庸之道虽然尽善尽美，而人却不知运用它一样。因此，作者以孔子的话激愤地说：现在的人，和他们议论事情的时候，都自鸣得意地认为自己高明，谁也及不上，他们自认为明晓趋利避害了。但如果有人把他们赶向陷阱，他们就懵然无知地往陷阱里走，这是最大的愚蠢！他们自认为明了一切事物的高深义理，眼光远大。但作为真理极致的中庸之道，他们却半天也坚持不到，这是愚昧的顶点了！像这类喜欢自夸的小聪明，世上真是太多了。这类愚而自专的人越多，那中庸的大道也就自然会越发地难于被人理解了。

子曰："回[①]之为人也，择乎中庸，得一善，则拳拳[②]服膺[③]而弗失之矣。"

注释

①回：颜回，春秋时期鲁国人，字子渊，又称颜渊。孔子的学生。

②拳拳：形容忠实地信守的样子。

③服膺(yīng)，衷心信服，或牢记在心。

译文

孔子说："颜渊的为人，选择那不偏不倚的中庸为行动指针，学得了一样好的道理，就紧抓不放，置于心中，而不肯随随便便地抛弃它。"

评点

这一章以行道为主，重点在强调"服膺勿失"。颜回是孔子最得意的门徒，一生安贫乐道，慈惠爱人，在《论语》中，孔子多次对他给予了赞美，认为他是好学的典型。"得一善"的"善"，在这里指的便是中庸的理。拳拳，是奉持的样子。服膺勿失，是说他能体道并且力行。作为孔门高足，颜回的"择乎中庸"，是他极度聪明的表现；得一善，便拳拳服膺而不失，则说明他明健而有决断。与那些耍小聪明的不能够长期坚持中庸之道的人相比，他实在是太突出了。所以孔子也不禁为这样的弟子而自豪：只有颜回，才能真正地珍视这中庸之道，他努力地丰富自己的德行，不放过任何一个使自己德行进步的机会，并且求得之后，又坚韧不拔地身体力行，把对真理的理解化为实际的行动，而不是仅仅停留在口头上，所以他才会每天都有增益，从而使自己的品德越发的修洁，终于成为孔门三千弟子中的第一人，这不是偶然的。如果天下人都能像颜回这样得善固执，并身体力行，那么中庸之道就可以在天下流行了。

子曰："天下国家可均也，爵禄可辞也，白刃可蹈①也，中庸不可能也。"

注释

①均：平治。辞：辞退。蹈：踩，踏。

译文

孔子说："天下国家虽然很难治理好，但通过努力还是可以治理成功的；出仕当官，从而获得丰厚的俸禄，这是一般人难以抵挡的诱惑，但并非所有人都会为之屈服；雪白的利刃是很可怕的，一般人在白刃加颈时膝盖便会变软，但并非所有人都会在死亡面前屈服；只

有中庸，这宇宙间至极的真理，它看似平常，却是最难于获得的珍宝啊！一般人是不可能占有中庸之道的。”

评点 

这一章论说了中庸之道的难以被人真正把握，从而说明必须有勇于行道的热情与百折不挠的恒心，才会占有它。为了说明它的难以获致，作者先列举了三项一般人认为难以抗拒的事物：治天下与治国家是政治生活中最困难的任务，但一些天资聪颖的人，像齐国的管仲，三国时蜀的丞相诸葛亮，也可以把国家治理得井井有条。官爵俸禄，是绝大多数人梦寐以求的东西，但像东汉的严子陵、东晋的陶渊明，却可以弃之如敝屣，以保存自己人格的高尚。死亡是一般人最害怕的，但像荆轲、子路这样的人，却视死如归。这三件事都极难做到，但毕竟有些人完成得很出色。而中庸之道就不一样了。它虽然听起来很寻常，但要认识到它的重要意义，很多人便办不到，要身体力行去实践它，那就更难，几乎没人成功过。因为实行中庸大道，不但要时时注意修身，使自己仁义礼智信都具备，更需要有勇气、有毅力，试想又会有几个人会合格的呢？只有像那伟大的舜和颜渊等少数几个人，才能行这一大道。在这里，作者是深有感慨的。

子路[①]问强。子曰："南方之强与？北方之强与？抑而强与？宽柔以教，不报无道，南方之强也，君子居之。衽金革[②]，死而不厌，北方之强也，而强者居之。故君子和而不流，强哉矫！中立而不倚，强哉矫！国有道，不变塞焉，强哉矫！国无道，至死不变，强哉矫！"

注释

①子路：姓仲，名由，字子路，春秋时期鲁国卞人，孔子的学生。

②衽(rèn)：本作"卧席"解，这里借用为"披带"。金：指兵器。革：指甲胄。身着甲胄，手持兵器，意思是好斗。

译文

孔子的学生子路问孔子，说："怎么才算是强呢？"孔子回答说："你所问的，是南方人所说的强呢？还是北方人所说的强？还是你所要学的强呢？我来告诉你：以宽大和气的方式来教导人，不向无理欺负我的人行报复，即便有令我气愤的事，我也不去和他计较，这是南方人的强，这是有学问君子所行的道啊。而那全仗着血气用事，即使在睡卧时也不离刀枪盔甲以便于随时与人争斗，就是掉了脑袋也在所不惜的，这是北方人的强，这是有力量喜争斗的人所行的啊。而有道德的人则与这二者不同，他们另有一种中庸的强，那就是平时待人很和气却又不同流合污，这样的强，真可以算是矫然不群的强了；他们处处时时立在中间，而并不偏向哪一极端，这样的强，真可以算是矫然不群的强了；在国家政治清明的时候，他们可以入仕以行其大道，而又能身居显位与入仕前一个样子，不自高自大，这样的强，真可以算得上是矫然不群的强了；在国家政治昏乱的时候，他们没有机会来行他们的大道，但却能安贫乐道，一直到死都不肯改变生平怀抱的高尚节操，这样的强，真可以算得上是矫然不群的强了。”

评点

这一章讲的是勇的事。因为要行中庸大道，就必须有勇于做别人所不做的事的勇气，这便是作者所提倡的异于南北之强的强。作者认为，中庸大道必须要像孔子告诉子路的勇才可以得行于天下。子路是孔子众多门徒中最喜好勇力的一位，孔子对他的一味逞勇常提出批评，这次则是借训诫弟子而借题发挥开去。孔子认为，强有不同，因而先要在概念上廓清。接下来，孔子分别论述了三种强。南方的强，譬如对待一个愚人，他不去苛责，只是用宽容柔顺的手段去教导愚人改过，即便是受了别人的算计，自己吃了大亏，也不去加以报复。总的说来，南方民风偏于柔弱，所以以容忍胜人为强。虽然南方之强过于柔弱，但还属忠厚，所以有些人以此道自处。但对于中正之道而言，南方之强却失于“不及”，所以不是最优的。而北方之强又是另外一个极端。衽，原指卧席，这里则借用为“安心于……”的意思。金，指兵器。革，指甲胄。不厌，不悔。金与革本来是只有在战场上才用得上的，但有人却随身携带着它们，以便在与人相斗时随时用得上。他乐于争斗，即便死在这上面也不后悔，这近于亡命徒的强便是北方之强。北方人民风较为犷悍，这北方之强虽然算是勇敢，但与中正大道相比，却失于太“过”了。“过”与“不及”都不是可取的，所以孔子在评述完南北之强后，便顺势揭出了他所倡导的中庸之强。内含中庸之强的君子，应对人和蔼可亲而又不人云亦云地没有自己的是非观，这是他能够选择好与众人相处的尺度。而对于自己，则孑然特立，处事没有偏倚，这是他能够选择好处己的尺度。如果圣主贤臣当道，他便入仕为官以行中庸之道，而又能始终如一；如果政局动乱，他也不阿附奸人，能保持纯洁的操守。这些，都是真正的中庸之强，是孔子所极力提倡的，也是作者所衷心提倡的。

子曰："素隐行怪①，后世有述焉，吾弗为之矣。君子遵道而行，半途而废，吾弗能已矣。君子依乎中庸，遁世不见知而不悔②，惟圣者能之。"

注释

①素：《汉书》作"索"，探求。隐：隐僻。索隐即探求隐僻的道理。行怪：做怪诞不经的事情。

②遁(dùn)世：终身。不见知：不为人所知。

译文

孔子说："有的人专爱搜寻偏僻的道理，做些怪异的事，后世虽然也有人传他的行为和学说，而我是绝对不会那样做的！讲求道德的君子，一开始还知道循着正路去做，但走到半路上，往往便不再坚持下去，我是绝对不会那样去做的！真正的有德君子，事事都依据不偏不倚的中庸之道去做，宁愿避开世人，隐藏起自已的身与名而终身不使人知道，也不后悔，这是唯独有圣人才能做到的！"

评点

这一章综合讲仁智勇，以总结上章意思。

从开头至"吾勿为之矣"，是讲知行太过。天下的正理本来是易于让人了解、易于让人实行的，但有的人钻研过度，专门去考究隐辟不正的道理，追求玄怪的知识，以便向人夸耀，这都是近

于钻牛角尖了。这类人喜好做怪诞的事，做别人不肯干的事。这类人的目的是欺骗世人以盗取名誉，而天下的一般人都喜新厌旧，于是容易认可他，并尊之为所谓新学的始祖，后世也有追慕他的人。这类人的行为虽然能迅速为自己招来名誉，但却超越了中正的大道，而有“过”的毛病了，所以是应当切忌的。在这里，“素”应当解作搜索的索。

从“君子遵道而行”至“吾勿能已矣”一节，是讲知行的“不及”。中庸的道理，本来很平易，但要求人必须有一以贯之的恒心。那些勉强求学的人，也认识到中庸的意义，也能遵行，但恒心不够，虎头蛇尾，这是没有达到中庸正道，与“不及”恰好是两个极端。所以，有恒心是很重要的。

从“君子依乎中庸”至“惟圣者能之”一节，讲成德君子的境界。遁世，逃离世俗。过与不及都是行道者应努力避免的，只有中庸之道才应该是君子的追求目标，为了中庸大道，君子应该作出任何牺牲。即便是因此而一辈子不为人所知，也不应动摇，而要“拳拳服膺而弗失之”。这是体道君子的较高境界，很难达到，只有智仁勇具备的人，才有可能做出来。这是作者深情的期盼。

君子之道费而隐①。夫妇之愚②，可以与知焉，及其至也，虽圣人亦有所不知焉；夫妇之不肖，可以能行焉，及其至也，虽圣人亦有所不能焉。天地之大也，人犹有所憾③。故君子语大，天下莫能载焉；语小，天下莫能破焉④。《诗》云："鸢飞戾天，鱼跃于渊。"言其上下察也⑤。君子之道，造端乎夫妇，及其至也，察乎天地。

注释

①君子之道：指中庸之道。费：指用途广大。隐：隐微，指细小的地方。这是说中庸之道，从大处说，它的用途广大周遍。从小处说，虽夫妇之间的日常生活琐事，它也能起作用。

②夫妇之愚，可以与知焉：中庸之道并不难懂，即使像匹夫、愚妇这样的普通人也都能够有所了解。

③憾：遗憾，指人对于天地还存在着有所不知、有所不能的地方。

④语大，天下莫能载焉；语小，天下莫能破焉：从大处说，天地之大是无限的，所以天下包容不了天地，从小处说，天地之小也是无限的，是不能分割的。

⑤《诗》：指《诗·大雅·旱麓》篇。鸢(yuān)：鸟名，鹰的一

种。戾(lì)：到。其：指中庸之道。察：昭著，明显。诗的大意是：鸢鸟高飞到天上，鱼儿跳跃在深渊里。这里说中庸之道，无论在上，还是在下，都是周遍昭显地存在着。

译文

君子所坚持的这中庸之道，它的用处虽然广大，而本身却并不明显。浅近地说，即便是那些没受过教育的普通男人女人，也可以知道这道理；但讲到它的极致呢，哪怕是伟大的圣人，也有不能深刻领悟它道理的地方！那些没受过教育的男女，可以说是很愚昧了，但他们也可以以他们的智力水准去理解它；而它的极致呢，却即便是圣人也有不明了的地方。又比如，天地是最正大的了，但因为不可避免的水旱灾疫等天灾，人难免还会对天地产生怨恨之情。这样说来，有道德的人，讲到中庸之道极大的地方，即便是像天地那样大的，也有载不动它的；而讲到中庸之道极小的地方，即便天下这么多人，也没有谁能打破它。《诗经·大雅·旱麓》说："鸢鸟在天空中直飞九霄，鱼儿在水中直扎进无底深渊。"引申来说，这两句诗可以理解为：中庸的道理是显而易见的，上至鸢鸟，下至游鱼，无论天上水下，都是中庸之道所能达到的地方。所以，有道德的人讲中庸的道理，一开始都是很浅近很易于了解的，使得平常百姓都能领悟，都能去做。但讲到它的极致的时候，那就显现在世间一切事物之上，无所不在。

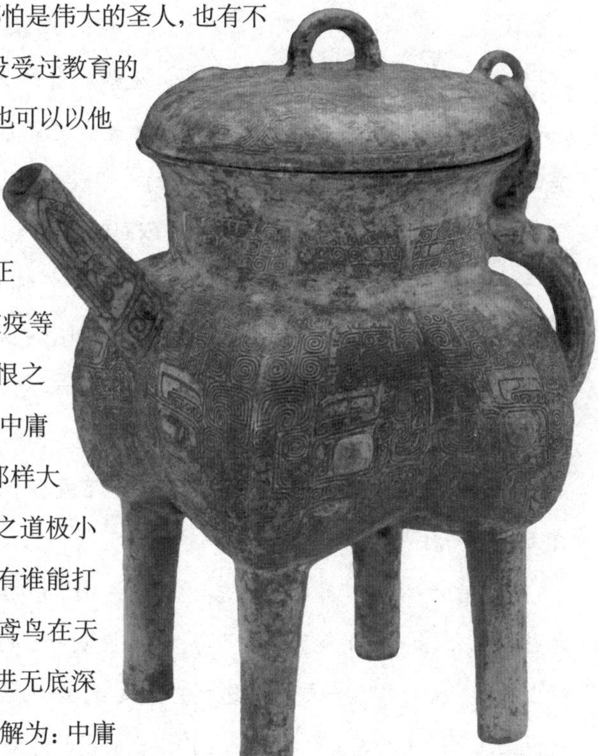

评点 

这一章讲中庸的无所不在，申明第一章道不可离的观点，是以下八章的纲领。

“君子之道费而隐”是总起。道，即中庸之道。中庸之道出自上天，而只有君子才能够真正占有它，所以称中庸之道为君子的道理。作者认为，中庸之道的效验是广大无边的，但它的起始之处却又是非常小的，这看似矛盾，却显现了中庸大道的本质。

从“夫妇之愚”至“天下莫能破焉”为一节，形容“费”字。说它效用的广大无边，体现在即使是无知无识的普通民众也可以知道它，实行它；而它最高深的境界，即使圣人也不能全部精通。这体现了中庸之道的包容广大，浅陋的人可以从中汲取到他们所能理解的浅近真理，而智慧的人却可以同时从中汲取到涵容广大的终极真理，它有时看似浅，有时又看似深，正体现了它作为终极真理的独特标志。接下来，作者打了一个比方：天地虽然德被万物，但化育或有不到之处，因而人对于它也难免有不满意的地方。而中庸之道则没有使人对它不满意的地方，因而，作者顺势指出：说它大，天下没有大过它的；说它小，天下没有小过它的，这是真正大道的特点。

从“诗云”至“言其上下察也”一节，说明了它的广大无边。作者引《诗经·大雅·旱麓》中的两句，用以说明中庸的广大。但需要指出的是，诗句本意与中庸之道的广大是无关的，这两句原本只是说鸢鸟飞得高与游鱼潜得深，是作者在引用两句诗的同时赋予了它们以自己需要的涵义：中庸之道，上至于只有鸢鸟才飞得到的高空，下至游鱼才潜得下的深渊，是无所不在的。

从“君子之道”至“察乎天地”为一节，为全章作了总结。造端，是肇始的意思。察，昭著的意思。中庸之道，拿它的开端来说，不过是寻常人生活的浅近道理罢了，即便是最愚笨的人也不是对它一无所知的，也可以力所能及地实践它的。但拿它的全体与精微处来说，它上至天下至地无所不在，却使得圣贤也无法全部领悟、全部实行。中庸之道是这样地或费或隐，正是广大民众不可以一时半刻离开的真理之所在。

子曰："道不远人，人之为道而远人，不可以为道。《诗》云：'伐柯伐柯，其则不远。'执柯以伐柯，睨而视之，犹以为远。故君子以人治人，改而止①。忠恕违②道不远，施诸己而不愿，亦勿施于人。君子之道四，丘③未能一焉：所求④乎子以事父，未能也；所求乎臣以事君，未能也；所求乎弟以事兄，未能也；所求乎朋友先施之，未能也。庸德之行，庸言之谨⑤，有所不足不敢不勉，有余不敢尽，言顾行，行顾言，君子胡不慥慥尔⑥！"

注释

①《诗》：指《诗·豳风·伐柯》篇。伐：砍伐，砍削。柯，斧柄。则：样板，方法。睨：邪视。改，改过。诗的大意是：砍木头做斧柄啊！砍木头做斧柄啊！斧柄的样板就在面前。

②违：离开。

③丘：孔丘，孔子的自称。

④求：要求，责成。

⑤庸：平常。这句话意思是，所做的是平常的德行，所谨守的是平常的言论。

⑥顾:照顾到。胡：何。慥慥(zào zào)：形容言行相应的诚实的样子。

译文

孔子说："中庸的大道，与人的言行是不会相距很远的。如果那讲中庸之道的人好高骛远，与这正道离得过于远了，那他便不能算是真正追求大道的人。《诗经·豳风·伐柯》说：'削个斧头柄子，削个斧头柄子，与旧斧柄形状不会相差太多。'以旧斧柄为标准来削个新斧柄，伐柯的若用眼角余光权衡二者，总还是觉得相差太远呢。引申来说，讲中庸的人，是以自身受自上天的道理去管理他人，使他人改好，与我一样，便可以了。尽自己的心，叫忠；推己及人，叫恕。人如果能够做到忠而且恕，便距离大道不远了。对于那些不愿意别人加在我身上的事，我也不要把它加到别人的身上去。讲求中庸之道的君子应做到四点，而我孔丘还没一件能做到呢。想拿儿子孝顺我的道理去侍奉我父亲，我还未能做到；想拿臣子尽忠于我的道理去侍奉君王，我还未能做到；想拿弟弟敬奉我的道理去侍奉我的兄长，我还未能做到；想拿朋友结交我的道理去先对待他，我还未能做到。我只是在那平常的德行上，尽我所能地去做，我只在平时说话时，谨慎而又谨慎。应当行的德，我还大有不足之处哩！所以我不敢不发奋努力地去做。免不了的庸言，有可以尽量不说的，我就不随意乱说。我说话时，常同时想到自己做的事；我做事时，常同时想到自己说的话，像这样讲中庸之道，哪里会不实实在在呢？"

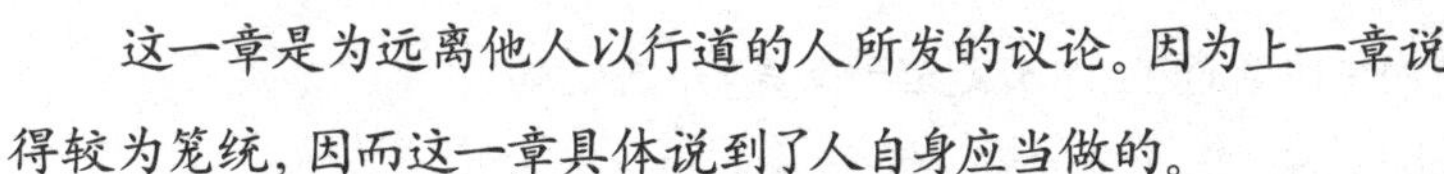

评点

这一章是为远离他人以行道的人所发的议论。因为上一章说得较为笼统，因而这一章具体说到了人自身应当做的。

从"子曰道不远人"至"不可以为道"是一节，这是本章主旨所在。中庸之道既宽广又浅近，但凡是人的平常生活，它都无处不在。天下的人，没一个不会明白它的，也没一个人不能做的，但前提有恒心。可见，中庸之道与凡人是很近的。但有些人撇去易知易行的道，而专做高深僻远的事，这是知与行失于太过了。因而，中庸大道如果与平常人的距离如果越来越远，那罪过便在于这些素隐行怪的人呀！

从“诗云”至“改而止”是一节，说的是以人治人，不远人以为道。伐，即砍伐。诗句意谓：人持着斧头砍树枝以做新斧柄，因旧斧柄就在手中握着，因此照着旧斧柄砍削，新斧柄的形状是不会与旧的相差太多的。两个斧柄，一个是已成的旧柄，一个是未成的新柄，做斧柄的方法就在眼前，不必去远方寻求。而中庸大道，本来就是人人生而具有的，取用非常方便，因此君子教人的方法，便以这人本已具有的天赋之德专治这人的身体，去除他的恶，弘扬他的善。这人如果能诚心受教，更改前非，那么君子便成功了一部分，正不必拿那难知难行的事去苛责这个人了。这便是为什么真正的大道不会远人的道理所在了。

从“忠恕违道不远”至“亦勿施于人”一节，讲施于人的人，不远人以为道。忠，是用立自身。恕，是用以施于他人。作者认为，道的根本在心，如果能够尽心，就一定能尽道。但是世界上的人却多存有私心，他们只晓得有自己而不晓得有别人。因而，他们施于他人的事很多是不恰当的，距离中庸正道自然也就远了。而如果用忠心，行恕道，即便是有些勉强，与中道还有一定差距，但也算是向中道靠近了，因而是应予赞美的。忠恕的实质，便是推己及人。很显然，人是不情愿他人以无礼的事加到自己头上的，如果以自己这不情愿的心思去为他人考虑，也就不会去拿无礼的事加到他人头上了。这样说来，忠恕的事，是平凡的人也可以知晓可以实行的了，说它远离凡人，那纯粹是诬蔑。

从“君子之道四”至“君子胡不慥慥尔”一节，讲圣人的自责，也就是不远人以为道。丘，是孔子自己的谦称，孔子名丘。慥慥，勉力而行，不敢宽缓的意思。慥慥尔，是说对道汲汲以求的一种态度。孔子在这里提出了四项看似平易，实际却很难达到的为人处世之道。一个人上有父、兄、君，下有子、弟、臣，又有平级的朋友。他对于自己的下一级，要求他们为自己服务，对自己恭敬，这是责人。但他是否也能像子、弟、臣对自己那样地去尊重父、兄、君与朋友呢？这是很难办到的。只有体道的君子，才能以处上之心待下，以待下之心事上，自始至终忠恕如一。君子借着子、臣、弟、友四项道理，体于身便是庸德，需要勉力行事；借着这四项道理，发于口便是庸言，需要谨慎自己的话。一个人，只要有能力去做，就应竭尽可能去勤勉用功。而言行一致则是个基本要求。这样看来，忠、恕、言行一致，这都是切实可行的道，只要愿意，人人可以实行。因而借孔子之口，作者提出：世人为什么不学习君子的勤勉笃实呢？

君子素①其位而行，不愿乎其外。素富贵行乎富贵，素贫贱行乎贫贱，素夷狄行乎夷狄②，素患难行乎患难：君子无入而不自得焉③。在上位不陵④下，在下位不援⑤上，正己而不求于人，则无怨：上不怨天，下不尤⑥人。故君子居易以俟命，小人行险以徼幸⑦。子曰："射有似乎君子：失诸正鹄，反求诸其身⑧。"

注释

①素：平时。

②夷狄：古时人对四境异族的贬称。

③无：无处，没有一处。入：出入，日常出入。

④陵：通"凌"，欺凌。

⑤援：攀援，巴结。

⑥尤：指责，归罪。

⑦居易：居处平易。俟：等待。命：天命。险：不平之地。徼(jiāo)幸：又作"侥幸"，侥幸得到。

⑧射：射箭。失：不中。正鹄(gǔ)：箭靶子。古代用布做的箭靶子，叫做"正"。用皮做的箭靶子，叫做"鹄"。反求：自我责备。

译文

讲求中庸之道的大德君子，谨守着他自己的本位去做事，而不想做自己本位之外的事。如果他现在有官爵有钱财，便做那有官爵有钱的人所能做的善事；如果他没有官职没有钱财，便做那没有官

职没有钱财的人所能做的善事；如果他现在是在外邦蛮夷人的地方，就依照当地民风去做自己所能做的善事；如果他现处在祸患灾难的情况中，便在祸患灾难中做自己所能做的善事。所以，讲求中庸之道的人，无论在什么地方、什么情况之下，也都自由自在。如果他身居他人地位之上，也不会仗势欺凌下属；如果他身居他人地位之下，也不会去仰攀巴结在上位的人。他端正自身，而不去求全责备别人，那么就不会招到别人的怨恨。向上，他不会埋怨天道的不公平；向下，也不埋怨他人的不对。所以，讲求中庸之道的人，把心放在平坦的地方，来接受命运的安排；而不讲求中庸之道的小人则不是这样。他做冒险的事，妄求那非分的好处。孔子说："射箭的原理，与讲求中庸之道人的处事有些相像。射箭，如果射不中靶上所画的红心点，或是射不中钉在靶上的皮，那射者便会回头想到是自己射术不精，而不会无端地去怨恨他人。"

评点

这一章讲安分守己的"素位"学问，重点在于反身自省。

"君子素其位而行，不愿乎其外"一句，是本章的中心所在。世间众人所处地位是各不相同的，有的位高权重，有的位卑言轻，有的在上位，有的在下位……但人人所应当奉行的道理，却没什么区别，即中庸之道。所以，有德君子就要以他当下的地位去做他的地位所允许他做的事情，而不应当有侥幸思

想，越权去做事。因为，每个人分内的职责是他必须尽的，而他分外的事，自有人去做，他只干好自己的一份便行了。

从“素富贵”至“下不尤人”是一节，是具体讲人应该如何“素位”而行。作者认为具体的素位而行应当是：富贵人行富贵事，贫贱人行贫贱事，边地人行边地事，患难中人行患难中事，总之一句话，人应该把自己的事干好，而不应当去有非分的想法，去做非分的事。这样，中庸之道便会在各个阶层，在所有人中得到执行。而行中庸之道的人，也会因精神充实而心中快乐，因此而悠然自得，无挂无碍。那么，君子不企图做分外的事，又怎样体现呢？作者进一步发挥说：对于在上位的人而言，在下位人做的事，对他来说便是分外，他不可以作威作福地横加干涉在下位人的活动；对于在下位的人而言，在上位人做的事，对他来说便是他名分之外的了，他不应当为了权势利益而降低人格，去奉迎谄媚上司。因为，对自己的下级妄行威福，势必会招致下级的怨恨；巴结在上位的人，一旦要求不能满足，也一定会怨恨上司。而守中庸之道的大德君子只责求自己，而不去苛求他人，心中泰然，没有怨恨，就可以称得上是君子“不愿乎其外”的大道了。

自“故君子居易以俟命”至“反求诸其身”一节，是对本章作一总结，并以孔子的话加强论说的力度。既然讲过了成德君子要素位而行的道理，那么他就必须心胸坦荡平易，一任上天赐予他的是上是下，是贫是富，他都应坦然承受，尽力做好自己本分之内的事。而小人的做法则必须大力给予批评。他们逾越了自己的本分，

专干危险的事情，希望获得非分的幸福，这势必会扰乱秩序井然的社会，所以作者极力反对。接下来，作者引孔子的一段话作结。孔子认为行中庸之道与射箭有相通之处。射箭而射不中靶心，那么除了怨自己射术差以外，不能怨任何人。而君子素位行事，“不愿乎其外”，也是有了过失，就先在自身上查找原因。这样看来，二者还真是有共通的地方。以孔子论射术的话作结，又巧妙，又含蓄，显示了作者高超的写作技艺。

君子之道，辟如行远必自迩[1]，辟如登高必自卑[2]。《诗》曰："妻子好合，如鼓瑟琴。兄弟既翕，和乐且耽。宜尔室家，乐尔妻帑[3]。"子曰："父母其顺[4]矣乎！"

注释

①行远必自迩：走远路一定要从近处开始。迩，近处。

②登高必自卑：登高山一定要从低处起步。卑，低处。

③《诗》：指《诗·小雅·常棣》篇。翕(xì)：和好，和谐。耽(dān)：快乐。帑(nú)，子孙。诗的大意是：夫妻感情很和谐，就像鼓瑟和弹琴。兄弟感情真和谐，团结和乐更高兴。和和睦睦一家人，妻子儿女情谊深。

④顺：顺心，心里快活。

译文

讲求中庸大道的君子，就好比走远路，一定得从近处走起。又好比上高处，一定得从低处开始。《诗经·小雅·常棣》说："妻子和儿女们都很愉快，都和睦，就像弹着琴与瑟一样合着乐拍；家中的兄与弟也都亲爱和睦，彼此都快乐着，团聚在一起，非常满意。家庭中的人都欢欣愉悦，妻与子也都悦乐着。"孔子评价这几句诗，说："一家如果能这样，那么父母的心里就顺适了。"

评点 

这章讲的是君子进德修道，须有一定的次序。

从“君子之道”至“必自卑”一节，用了两个比喻，把意旨尽数呈现。君子进于道术，必须有一个先后的次序。比如《大学》讲修齐治平，就必须是身修，家齐，国治，天下平一步步来的。作者在这里举了两个生活中尽人皆知的常识：要走远路，就不能从远处起始，而必须从近处起始；又比如要登高，就不能从高处起始，而必须从低处起始。求道也是一样，不能好高骛远，只抓大的，而是要从浅近处、平易处入手。明白了这个道理，做起事来就会事半功倍。

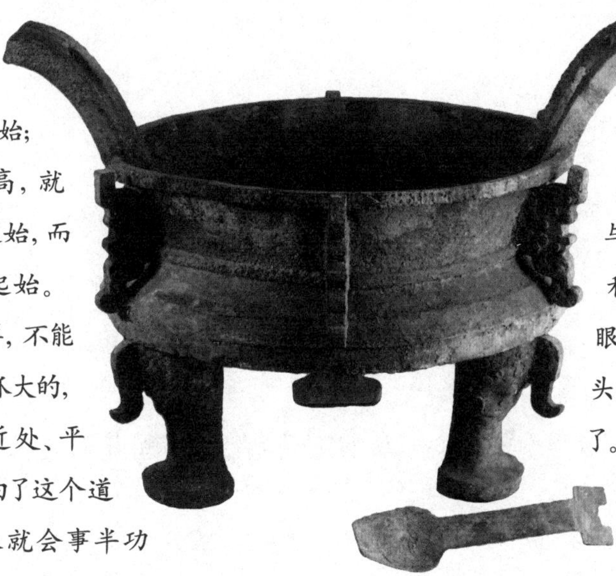

从“诗曰”至“父母其顺矣乎”是一节，是通过具体的实例来证明上节的道理。为什么修道要从浅近处入手呢？作者于是举了伦常中家庭一伦来作实例说明：家主如果能与妻子和儿女感情深挚，那便会弹琴鼓瑟一样，和睦到极点了。兄与弟如果能互相友爱，那么快乐也就到了极点了。如果家主能这样地处理好家庭关系，那么这个家庭就必然会安乐祥和。可见，家庭要安乐祥和，是一定得从浅近处——妻、儿、兄、弟处入手才行的。这与行中庸之道一定得从浅近平易处入手是完全一样的。接下来，作者引用了孔子对这几句诗所表达境界的赞美。如果与妻和子不和睦，与兄和弟不团结，那便势必会使年老的父母心生忧愁；而如果能与妻、子、兄、弟和和睦睦，父母看在眼里，自然会喜上心头，没有不顺心的事了。拿诗句与孔子的评语综合来看，只有先从小处做起，和乐了妻、子、兄、弟这些家人，才会家庭和睦，才会令父母喜笑颜开。引申来看，行中庸之道也是必须先从细小处、平凡处做起的了。

子曰："鬼神之为德，其盛矣乎！视之而弗见，听之而弗闻，体物而不可遗①，使天下之人齐明盛服，以承祭祀，洋洋乎如在其上②，如在其左右。《诗》曰：'神之格思，不可度思，矧可射思③！'夫微之显，诚之不可掩④，如此夫！"

注释

①体物：体察万物。遗：遗漏。

②齐明盛服：齐，齐整，齐一；一说：通"斋"，当"斋戒"讲。明：洁净。盛服：指庄重美好的祭服。洋洋：形容流动充满的样子。

③《诗》：指《诗·大雅·抑》篇。格：当"来"字解。思：语助词，无义。度(duó)：揣测。矧(shěn)：况且。射(yī)：厌烦，厌倦。诗的大意是：神的降临，不可揣度，敬谨犹恐不及，何况有所厌倦呢！

④微：指鬼神的无形而不可见。显：指鬼神的功德是显著的。掩：掩盖，遮掩。

译文

孔子说："鬼神的性情和他们的功德，真是不可思议了！人们看，却看不见他们；听，也听不到他们。但他却体现在事事物物上，而没有一点遗漏的。鬼神使得天下的人都斋戒沐浴，穿上好衣服，以去事奉祭祀他们。祭祀的时候，似乎到处都充满了鬼神的灵气，鬼神似乎是在众人头上，又似乎是在人们的身左身右。《诗经·大雅·抑》说：'鬼神们来临，人们却不能预先猜测到，况且人可以再怠慢他们吗?’那鬼神们本来是隐微的，却可以这样昭然明显。鬼神之所以能如此显著，无非显著在一个诚字上罢了，那么诚心的不可掩藏，竟然有如此大的功效呀!”

评点 

这一章是拿鬼神的道理来说明道不可离的意思。

从“子曰”至“体物而不可遗”是一节，陈说鬼神之德的盛大。古人认为天地间万物是由阴阳二气化育而成的，而在阴阳二气化育的事物之中，鬼神之气最神灵。古人对鬼的认识与今人不同，他们认为鬼是祖宗死后的神灵表现形式，不但不丑恶可怖，反而是可亲可敬的。鬼神的德流行在天地之中，从无到有，从虚到实，四处充塞着，可以说是盛大之极了。那么它到底如何盛大呢?作者对此进行了描述。一般来说，凡是有形的物，人眼都能看得到，而鬼神却完全地没有形迹；凡是发声的物，人耳多能听到，而鬼神却完全地没有声响。鬼神虽然视之不可见，听之不可闻，却并非虚幻，而是其广大无边的一种充分体现，它充盈在万物之中：阴阳二气交合，便生出一物；阴阳二气一散，该物便死亡消灭。所以，

作者认为天下万物是绝不能脱离它而存在的。

从“使天下之人”至“矧可射思”一节，验证了鬼神之德的盛大。使，是冥冥之中好像有一种力量在指使着人，使人对鬼神不敢不恭敬，并不是真的一物使一物意思。怎样才能算是体物而无所遗漏呢？作者在这里举了人祭鬼神这一场面。鬼神的神灵，能够使天下的人都斋其志意，洁其身体，穿上祭祀盛服来行祭鬼神之礼。当祭祀的时候，鬼神在祭祀场所萦回，洋洋乎流动充满，鬼神们便是这样地昭显给人们。然后，作者引《诗经·大雅·抑》中的成句，加深对鬼神充满的论述。祭祀是为了鬼神来飨用，当祭祀的时候，鬼神们充盈在祭祀场所各处，无法明指它到底在何方，因而祭祀的人更要恭敬谨慎。

“夫微之显，诚之不可掩如此”一句是末节，推究鬼神为什么会如此盛大。鬼神既然是看不见听不着的，而又能体物不遗，道理何在呢？这是因为，鬼神是气的屈伸，鬼神的德，是天命的实理，这便叫做诚。诚自始至终充盈流动在万物之中，它明显昭著，遮盖不住。那么，鬼神之德的盛大，正是不言而喻的了。

子曰："舜其大孝也与。德为圣人，尊为天子，富有四海之内，宗庙飨之①，子孙保之。故大德必得其位，必得其禄，必得其名，必得其寿②。故天之生物，必因其材而笃③焉。故栽者培之，倾者覆之④。《诗》曰：'嘉乐君子，宪宪令德。宜民宜人，受禄于天。保佑命之，自天申之⑤。'故大德者必受命⑥。"

注释

①宗庙飨之：在宗庙享受祭祀。

②位：天子之位。禄：富有四海。名：臣民的称颂。寿：据说舜的寿命达一百一十岁。

③材：指物的本质。笃：笃厚。

④栽者培之：资材好的，栽植起来就灌溉培育，使得它成长。倾者覆之：资材不好的，倾倒以后就叫它覆灭。

⑤《诗》：指《诗·大雅·假乐》篇。嘉：善。君子：指成王，这是一篇歌颂周成王的诗。宪宪：犹"显显"，昭显，昭著，宪，通"显"。令德：美德，大德。申：重复。诗的大意是，嘉美和乐的成王，美德是那样昭显。善于安民善用人，受到天赐的福禄。有天命在保佑他，重将福禄赐成王。

⑥受命：命，指天命。

译文

孔子说："大舜这个人，真可以称得上是大孝的了。他的德行之大，足以做圣人；他权位之尊，是万人之上的帝王；他的富贵之隆，四海之内的土地、人民都归他所有。后世人建起祠堂来祭祀供奉他，后代的子子孙孙永远保持这祭祀。所以说，有大德行为的人，必然会获得崇高的禄位，必然会获得丰厚的俸禄，必然会得到美好的名誉，必然会得到长久的寿命。所以，上天化育世间万事万物，一定是依照各物的材质才去厚待它。因此，可以栽植的，上天便培育它；将要倾覆的，上天便翻转它。《诗经·大雅·假乐》说：‘美好快乐的有德君子，他明明白白的好德行显现出来，他对百姓施以恩德，应该受到百姓爱戴。他从上天承受了最大的幸福，受到上天的保护扶助，上天命他为帝王，这样大的福气，只有由天交托给他了。’所以，有大德行的君子，一定能受天命眷顾，同大舜一样。”

评点 

这一章讲的是舜的实例。舜有德，因此得到上天眷顾，获得大福，他是因为父亲尽孝道，才感动上天的。作者把大舜作为一个样板警示读者：人不可以不修这中庸的大德。

孝是古时对儿子的最高要求，而舜的孝又与一般人的恭敬奉养不同。舜的父亲、弟弟、后母都非常狠毒，尤其他的父亲，一再设计要害死他。但即便父亲不慈，舜的孝心依然不变，他一如既往地孝顺父亲，他的孝行远近闻名，最后进到了尧的耳朵里。尧于是把两个女儿许配给他，并禅位给他。作者认为舜之所以会从一介平民上升为天子，完全是他的孝行感动了上天，上天帮助他登位为帝的。在这里，作者用舜的故事，意在说明中庸的道理效用极为广泛。舜的孝，便是中庸之德的体现。作为儿子的，如果没有德行，便不能够显扬父母，没有尊位，便不能荣耀父母；没有资财，便不能供养父母。而大舜

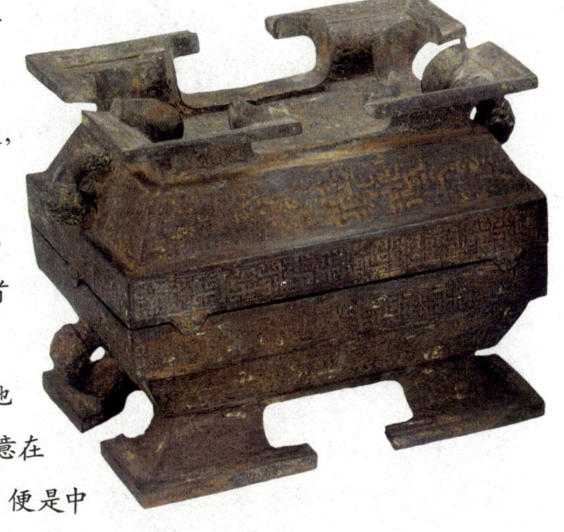

则因谨于自修而得上天喜爱，于是得大德、大位、大福，父母因此而借光。不止于此，上至宗庙世世祭祀，下至子孙永远的怀念，使他的父母更因他而在身后长享荣耀。舜的孝，与一般人的只是在衣食冷暖上下功夫，真是不可同日而语。所以，作者赞美他的孝是“大孝”。接下来的一句，则是作者的顺势推阐。德福完备，可以称得上是大孝，而德则是福的根本，福是德的效果。所以，具备了圣人的大德，自然便被上天推上天子尊位；当了天子，自会富有四海之内；富有四海而又行仁政，自然会得到人民称颂；这样，有了大位，大财，大誉，心宽体胖，自然会长命百岁了。作者认为，这几项，德是根本，有了大德，则后四项自然会成就，正不必孜孜以求，因为这不是人力所及的。

从“故天之生物”至“倾者覆之”一节，是对上节的总结，推阐。君子如果德行修成，那么幸福自然降临，作者认为这是天然的公理。所以，上天化育万物，必定因它的固有本质而加厚。如果这物的根本是坚固的，值得培养，上天便会加意培养它；如果这物根本动摇，将要倾覆，上天便会顺势倾覆它。上天的或培养或倾覆，全是由物自己招致的，可见自修其德的重要性。

从“诗曰”至“故大德者必受命”一节，则由物引申到人上，说明上天佑护有德君子。作者引《诗经·大雅·假乐》中的句子，人如果修成了可嘉乐的德行，那便不但会有益于自身，更会施惠于广大民众，从而得到他们的衷心拥护。得民心者必得天佑。上天会保护他，帮助他，使他身享繁华，长保王位，声名流传于后世。显然，作者的这些想法是包含着极大的主观热情在内的，这更表明了作者对这类大德君子的殷切期盼。所以，作者以天命论为依据，认为至公无私的上天必会佑助大德之人，惩治无德之人。

子曰："无忧者，其惟文王乎。以王季为父，以武王为子[①]，父作之，子述之。武王缵大王、王季、文王之绪[②]，壹戎衣而有天下[③]，身不失天下之显名，尊为天子，富有四海之内，宗庙飨之，子孙保之。武王末受命[④]，周公[⑤]成文、武之德，追王大王、王季，上祀先公以天下之礼。斯礼也，达乎诸侯、大夫[⑥]，及士、庶人：父为大夫，子为士，葬以大夫，祭以士[⑦]；父为士，子为大夫，葬以士，祭以大夫[⑧]；期之丧达乎大夫[⑨]，三年之丧达乎天子[⑩]，父母之丧无贵贱一也。"

注释

①文王：指周文王，姓姬，名昌，武王的父亲。殷纣王时为西伯，建国于岐山之下，施行德政，历史上称为贤君。王季：名季历，周太王的第三子，文王的父亲。太王卒，季历继位，修太王的德业。武王有天下，追封为王季。武王：周武王，名发，文王的儿子。殷纣王时，继文王位为西伯，因纣王无道，起兵伐纣，败纣于牧野，纣王自焚死，武王遂有天下。

②作:创始。述：继后。之：国家基业。缵(zuǎn):继承。大王：大，读作"太"，王季的父亲，文王的祖父，即古公亶父。初居豳，为戎狄所迫，迁于岐山之下，定国号称周，周的开国君主。绪：统绪，世业，业绩。

③壹:一著，一束。戎衣：军装，甲胄。

④末：指年老时。受命：承受天命，指推翻殷纣王而有天下。

⑤周公：姓姬，名旦，周武王的弟弟，成王的叔父。

⑥斯：指示代词，这；指周公所定的礼仪。达：通用。

⑦父为大夫，子为士，葬以大夫，祭以士:父亲是大夫，儿子是士，父亲

的葬礼按大夫的礼仪进行，儿子的祭礼按士的礼仪进行。

⑧父为士，子为大夫，葬以士，祭以大夫：父亲是士，儿子是大夫，父亲的葬礼按士的礼仪进行，儿子的祭礼按大夫的礼仪进行。

⑨期(jī)之丧：一年的丧服。达乎大夫：到大夫为止，诸侯以上不服期年之丧。

⑩三年之丧：在古代父母死时服丧期为三年。达乎天子：直到天子。达：当“通”字讲。这是说武王、周公的孝道受到天下人的普遍赞扬。

译文

孔子说：“没有忧虑的人，恐怕只有周文王了！他的父亲是伟大的王季，他的儿子是伟大的武王。他父亲王季先已在他之前为他打好了基础，他的儿子武王在他之后把他的事业推向前进，终于灭殷建周。周武王从曾祖太王，祖父王季，父亲文王的手中接过事业，统一了军队，获得了天下，自己不失掉天下通显的美名，被众人推尊做天子，四海之内的全部财物都归他一人统辖，后世子孙建造起宗庙来祭祀他，后世子孙永永远远地保有着他开创的事业。武王到了晚年，才获得天命做上了天子，有一些事业来不及完成，到了周公那儿，才完成了文王武王的德业，追封曾祖太王，祖父王季的天子名号，又用帝王的礼仪追祀大王之前周室先祖。这礼节，从天子通行到一般诸侯、大夫、士人、百姓。如果某人的父亲是大夫，而他自己只不过是个士，那么父亲去世之后，就要用大夫的礼节葬他，而用士的礼节祭祀他。如果某人的父亲是士，而他是大夫，那么在父亲去世后，要用士的礼节葬他，而用大夫的礼节祭祀他。一年的服孝期，从普通庶人一直到大夫为止；而三年的服孝期，则从庶人一直到天子通行。谈到为父母的服孝问题，无论是贵为天子，还是贱为庶人，都是一样地要遵守这规定的。”

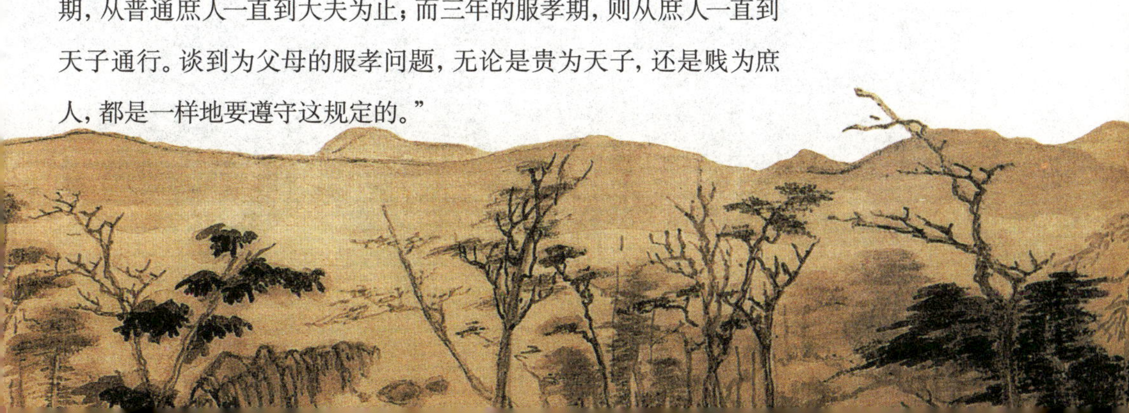

评点

这一章是讲文王、武王、周公能够尽中庸大道，依据内容可分为三节。

从“子曰”至“子述之”一节，是讲文王的中庸之道。王季，是周文王的父亲，名季历，是太王的第三子。武王，是文王的儿子，名发。作者认为在古代帝王中间，周文王可以说是最幸福的，他的父亲是贤能的王季，儿子是奋发有为的武王，父亲贤德昭著，为他开创了基业；而儿子能修他的德业，完美地继承了他的事业。他的前后都是天下之选，事业无虞，自然无忧无虑了。作者隐而不露的意思是：文王之所以能有王季这样的

父亲、武王这样的儿子，是因为他本身德行修洁，所以才“大德者必得其禄”了，这是中庸之德的效验。

从“武王缵大王王季文王之绪”至“子孙保之”一节，是讲武王的尽中庸之道。武王伐商，至盟津而天下八百诸侯不期而至，全归武王指挥，武王率联军伐灭商，所以这里说“壹戎衣”，即统一军队。周朝的建立，并非武王一人之力。太王在周朝的先祖中最先奠定了王业的基础，王季则把这一事业大大向前推进，文王时，天下已有三分之二的诸侯归心于周，这便是武王继位周君前的情况。武王上台后，励精图治，继承祖业，守而不失。作者认为，武王一开始并没有灭商自立的意图，到后来，是商纣王的一味作恶，使得武王不得已率天下诸侯为民除害，灭了商朝，建了周朝。武王伐纣，实际上是以臣伐君，名不正言不顺，但天下的人却多数能原谅他，并赞美他能顺天意民心。所以，武王虽有弑君之实，但却不失忠孝的显赫名声。他于是当上了天子，据有天下，富有四海，建立祖宗七庙，世世享受子孙祭祀，并能使周朝延续几百年。这是武王继承世业，传承文王功烈的事实。作者在这里解释了文王无忧的一方面：有贤子传承事业。

从“武王末受命”至“无贵贱一也”一节，详述周公在武王之后，传承文王事业。“武王末受命”的“末”，即老的意思，暮年。受命，指受天命为天子。据说武王伐纣时，年岁已经很高了，伐纣灭商不几年，他便去世了。武王的去世，给他未竟的事业蒙上了一层阴影，周王朝突然失去主心骨，能否还立得住是一个严重的问题。武王虽死，幸亏还有他的弟弟周公来辅佐年幼的周成王，继续把他的事业发扬光大，平定了殷旧民的叛乱，天下重新安定。在某种意义上，周公在周王朝历史上的作用，要大于武王。他的一个重要举措便是制礼作乐，完备制度。他继承文王、武王的德，发展文王、武王的孝。近则追尊周朝前代的祖先，赠他们王的尊号；远则更追尊大王之前的先公先王。发达之后，追尊先祖，这并不是专为天子设的，下而诸侯、大夫、士人、庶人都通用这一礼的原则，使得天下人都得以对各人的先祖恪尽孝道。接下来，作者举丧葬规格为例证明这一原则，葬礼的规格依从死者的名分地位，而祭礼的规格则从活人的名分地位，这是通行天下的礼制。作者又列举了周公所制订的丧服规格。一年的服孝期，下至庶人，上至大夫都当遵行，这是“亲不敌贵”原则的体现；而三年的丧期，则较期年之丧重要，它是专门为父母服丧的年限。从庶人到天子，父母去世都要行三年的丧礼，服孝三年，在这一点上，无论贵贱都是一样的。这是“贵不敌亲”原则的体现。上述的庙制，丧服制，都是周公修成文王、武王的德行，发展文王、武王事业的行为，有了周公这样的人作儿子，文王无须忧虑，这也是照应首句。

子曰："武王、周公其达孝矣乎。夫孝者，善继人之志，善述人之事者也。春秋修其祖庙，陈其宗器，设其裳衣，荐其时食①。宗庙之礼，所以序昭穆②也；序爵③，所以辨贵贱也；序事④，所以辨贤也；旅酬下为上，所以逮贱也⑤；燕毛，所以序齿也⑥。践其位，行其礼，奏其乐，敬其所尊，爱其所亲，事死如事生，事亡如事存，孝之至也。郊社之礼，所以事上帝也；宗庙之礼，所以事乎其先也。明乎郊社⑦之礼，禘尝⑧之义，治国其如示诸掌⑨乎。"

注释

①**春秋修其祖庙**：修，整洁。祖庙：《礼记·王制》：天子七庙，太祖庙一，昭庙三，穆庙三，诸侯五庙，太祖庙一，昭庙二，穆庙二，大夫三庙，太祖庙一，昭庙一，穆庙一；士一庙。古代的宗庙祭祀是按季按月进行的，这里只说春秋，是举有代表性的。宗庙在祭祀之前，先要洒扫干净，洒扫是为了祭祀，修其祖庙广义地是指祭祀祖庙。宗器：祖宗遗留下来的贵重器物。设：摆设。裳衣：先祖遗留下来的衣服，祭祀时摆设出来作为先祖的象征。荐：奉献。时食：按照季节和月令应该献祭的食物。

②**序昭穆**：序，次序。昭穆，在宗庙里，左边的称为昭，右边的称为穆。分昭穆是表示父子、长幼的次序，所以叫作"序昭穆"。

③**序爵**：序，次序。爵(jué)：公、侯、卿、大夫等爵位，是表示身份、地位的高下的，所以叫"序爵"。

④**序事**：序，等级；事，指祭祀时的执事人员。祭祀时执事人员在职务上有等级的不同。

⑤**旅**：众人。酬：主人劝酒叫作"酬"。下：小字辈，指兄弟的子弟和宾客

的子弟。上：指长辈。逮：及，到，指饮酒时要照顾到。贱：指小字辈。

⑥燕：通“宴”，指祭祀完毕后举行宴饮。毛：毛发，按斑白与否作为区分年龄的标志。齿：年龄。宴饮时，按年龄排坐次，

⑦郊：郊祀。周代冬至日在圜丘举行郊祀以祭天。社：社祭。周代夏至日在方泽举行社祀以祭地，又叫作祭后土之神。

⑧禘(dì)尝：《礼记·王制》：“天子、诸侯宗庙之祭，春曰礿，夏曰禘，秋曰尝，冬曰烝。”这里用禘、尝来表示四季的宗庙祭祀。

⑨示诸掌：示，通“视”。视之于掌，容易看清楚。

译文

孔子说：“武王和周公，全天下的人都赞美他们的孝道。那么什么是孝呢？那就是要善于继承先人的志向，善于陈列承述先人事业啊！只有这样，才算孝道。每逢春秋两季祭祀的时候，要整好祖宗的庙宇，把祭祀用的祭器陈列好，铺陈祖宗曾经穿过的衣裳，把时鲜的果品祭献给先人。宗庙里的祭祀礼仪，目的就是为了以此排好子孙后代的次序，祖位左边的一排叫做昭，祖位右边的一排叫做穆。排列好参与祭祀者的官爵，目的是为了以此分别开尊卑的等级。安排好各人的职事，目的是为了以此分别参加祭祀子孙才能的高下。祭祀完毕之后，晚辈要向长辈斟酒，即使是辈分再低的人，也在祭祀礼仪中有他的一份儿，使他们也可以借之以表达敬意。饮酒的时候，要依照年龄的长幼来安排坐位，头发白的人为上，其次斑白的，其次黑头发的。这是为了显示排座次是以年龄长幼为据。祭祀的人走到祖宗的牌位面前，行繁杂的祭祀礼节，演奏祭祀时奏的乐曲，恭敬那祖宗所尊重的，爱恤那祖庙所亲爱的。侍奉已去世的祖先，就像侍奉活人一样恭敬；侍奉过去的先人，就像他们仍存在一样地恭敬。能做到这些，便是最大的孝了。祭祀天地的礼仪，是用来祭祀上帝的；宗庙里的诸多礼仪，是用来祭祀自己先祖的。如果能明白那祭天与祭地的礼仪，又能明白那五年一回的大祭与一年一次的秋祭的礼仪，那么治理国家，就会像看自己手掌的纹路一样清楚而容易。”

评点 

这一章赞美武王与周公的“达孝”，是承上一章意思而发，可分为这样几节。

“子曰：‘武王、周公，其达孝矣乎！’”一节，揭出全章章旨。达，是通的意思。达孝，最高的孝，使得所有人都赞美不止的孝。做国君的，只有能既能使去世的先人因自己的伟业而被人记住，又能为后代立法则，使自己承受后世的祭祀，这才算上大孝。为什么呢？因为古人很重视死后声名的流传，而要声名流传后世，就必须建立足以使人纪念的功业。某人没能建立这样的伟业，如果他的一位后人做到了，这位后人便会受人尊崇，他也便会沾了光，同时受人怀念。能使先人名垂后世比仅仅是供给衣食这些物质，意义更大，因此也更被看重。而在古人之中，武王与周公因建了王朝、设了制度，从而使他们的先人常被人以赞美的口吻提起，所以作者认为二人是“达孝”了。

从“夫孝者”至“善述人之事者也”一节，提出了“善继”、“善述”两条具体的达孝标准。如何才能算是大孝呢？作者认为有两点。大概前人徒有壮志，而功业未就，那么这后人便应当继承前人的壮志，继续用力去做，这是继承前人的“志”。前人在世时，有些事业可能做得不周到，想得不完全。那么后人便应努力去按前人的纲领去完善，去加入自己的创造，以使事业更完美，这是善述前人的“事”。在这里，作者虽然没有明言武王与周公，其实这善继善述二目却是为二人而发的。作者认为，武王与周公善继又善述，是有志于“达孝”者的楷模。

从“春秋修其祖庙”至“事亡如事存，孝之至也”一节，则是具体地以祭祀礼仪为例，指出周公制礼正是他“善继”“善述”的表现。古人普遍地进行祖先崇拜，春夏秋冬四时都有隆重的祭典，这里只拈出春祭与秋祭，则夏祭与冬祭自然不言而喻了。那么周公制订的这些礼规有什么意义，为什么与“善继”“善述”联系在一起？原来，修洁祖庙，是表示对先人的恭敬不忘，而修葺打扫只是一种手段；陈列祭器，是向祖宗告白自己能守住先人留下的宝器；摆设先人的衣服，是表示先人虽已去世，而子孙仍像他还活着一样敬奉他；摆时令食物，不但使先人有所品尝，也为了向先人报告时序的变更。周公的这些规定，完美地表达了对先人的怀念与恭谨，是在王季、文王的基础上迈前了一步，所以作者认为是善继善述。接下来，作者更深入具体地讲了宗庙种种礼规的由来。在宗庙中，宗主牌位左边的后代称昭，右边的后代称穆。比如，某人的儿子辈是昭，那么他的孙子辈便在穆，曾孙辈又在昭……以此类推。昭穆之礼是辨明亲属次序的一个手段。在宗庙里祭祀，同姓的人很多，所以必须整顿次序，井然有序才能表示对先人的爱敬，方法是左昭右穆。这样，参与祭祀人的班次就不会紊乱了。如果有异姓的人来助祭，那么就要依据来者官阶爵位的高低来排列，这样分别之后，便不会有贱逾贵这样的事发生了。同姓和异姓的祭祀者，在祭祀活动中各有各的职司。要根据各人血缘的远近、爵位的尊卑来安排各人的职司，那就不会使贤人与不肖者相混乱了。祭祀活动结束后，一般要进行宴享，先是同姓兄弟之间互相敬酒，然后向异姓宾客敬酒，再向众人敬酒。而异姓宾客、同姓兄弟、众人之间互相还要敬酒，总之，非常繁琐。但一般通行的规则是：下级首先向上级敬酒，年轻人向年长者先敬酒。等到宴会进行到一定阶段后，异姓客人退去。于是，再把所有的同姓男子请进内室，重开酒宴，表示对同姓的更高一层待遇。这时候，便不像刚才那样刻板，不再论什么官爵尊卑了，而只以各人的年龄年幼重排座次，年长者在前，年少者居后，这是对老人的特殊礼

重。作者认为，这些礼制体现了亲情，是周公善继善述先人志业的明证。接下来，作者继续深入推阐。在武王建立周朝前，大王、王季、文王等先人还是商的臣民，是侯爵。武王建周后，追尊他们为“王”，这就产生了一个问题：在祭祀他们时，是应该用诸侯的礼节，还是用王的礼节？周公制礼，对这个问题是这样解决的：虽然诸侯与王的礼规不同，然而只要行那所应当行的王礼，便是对先王的最大敬意了；先人祭祀祖庙时所奏的是诸侯的乐曲，而武王之后的周王在祭祀大王等先人时就应当奏王乐了；先人所尊敬的祖先，武王之后的周王在祭祀大王等先人时也应当尊敬这些先祖；先人所亲近的是子孙臣民，武王之后的周王也应当亲近这些为先人可亲近的人。先人虽然已经不在人世，但要求周王在祭祀他们时，就犹如侍奉活着的他们一样。这样，才算得上是真正的“善继”“善述”了，是尽了最大的孝道了，因而是“达孝”。

从“郊社之礼”至“治国其如视诸掌乎”一节，是事奉上帝与祭祀先人并说，论的也是“善继”“善述”的事项。在这里，“事”含有报答的意思。“祀”含有报本的意思。郊社之礼，专指祭祀天地的礼仪。禘，是五年才举行一次的大祭。尝，是秋天的祭祀名称。作者认为，周公制订礼规，不单在宗庙礼仪上下功夫，他也重视对天与地的祭祀。天与地生养了万事万物，所以古人认为应该不忘天地恩德，进行报答，而祭天地的郊社之礼便是古人这一观念在礼仪上的体现。郊社之礼，一般冬夏各行一次。冬天选

择冬至这天，在圜丘进行祭祀；夏天选择夏至这天，在方泽进行祭祀，祭祀的对象便是皇天与后土。接下来，作者又列举了宗庙之礼。五年进行一次的，叫禘，最盛大隆重；一年内的秋天祭仪，叫尝，重要性较禘差一些。作者在这里标举出禘与尝一大一小两项宗庙之礼，意思便是以部分指代整体，指全部的宗庙礼仪。总的来看，宗庙之礼是报答先人，郊社之礼是报答天地，这些都是作者所认为的非常重要的政治活动，是只有“圣人”才有资格、有能力制订的，也只有“圣人”才会完全理解它们的重大意义和丰富内涵。作者认为，在这些礼仪当中，蕴含了治国平天下的精义，所以如果有谁能真正弄通这些礼仪，那他治理天下就完全没问题了。应该说，这种认识只是作者主观片面的认识，但通过这些议论，通过对周公所制礼仪的充分肯定，作者对周公的赞美便溢于言外了。作者意在把这些伟业归因到他的善继善述，他的成就“达孝”上面去，从而与作者在本章开头的意旨保持呼应。

哀公[①]问政。子曰："文、武之政，布在方策[②]。其人存则其政举，其人亡则其政息[③]。人道敏政，地道敏树[④]。夫政也者，蒲卢[⑤]也，故为政在人。取人以身，修身以道，修道以仁。仁者，人也，亲亲[⑥]为大；义者，宜也，尊贤为大。亲亲之杀[⑦]，尊贤之等，礼所生也。在下位不获乎上，民不可得而治矣[⑧]。故君子不可以不修身，思修身不可以不事亲，思事亲不可以不知人，思知人不可以不知天。天下之达道[⑨]五，所以行之者三，曰：君臣也，父子也，夫妇也，昆弟也，朋友之交也，五者天下之达道也；知、仁、勇三者，天下之达德也，所以行之者一也[⑩]。或生而知之，或学而知之，或困而知之[⑪]；及其知一也。或安而行之，或利而行之，或勉强而行之，及其成功一也。"子曰[⑫]："好学近乎知，力行近乎仁，知耻近乎勇。知斯[⑬]三者则知所以修身，知所以修身则知所以治人，知所以治人则知所以治天下国家矣。凡为天下国家有九经[⑭]，曰修身也，尊贤也，亲亲也，敬大臣也，体[⑮]群臣也，子庶民[⑯]也，来百工[⑰]也，柔远人[⑱]也，怀诸侯[⑲]也。修身则道立[⑳]，尊贤则不惑，亲亲则诸父、昆弟不怨[㉑]，敬大臣则不眩[㉒]，体群臣则士之报礼重，子庶民则百姓劝[㉓]，来百工则财用足，柔远人则四方归[㉔]之，怀诸侯则天下畏[㉕]之。齐明盛服，非礼不动，所以修身也；去谗远色[㉖]，贱货而贵德，所以劝贤也；尊其位，重其禄，同其好恶，所以劝亲亲也；官盛任使[㉗]，所以

劝大臣也；忠信重禄，所以劝士也；时使薄敛[28]，所以劝百姓也；日省月试，既廪称事[29]，所以劝百工也；送往迎来，嘉善而矜不能[30]，所以柔远人也；继绝世[31]，举废国[32]，治乱持危，朝聘以时[33]，厚往而薄来，所以怀诸侯也。凡为天下国家有九经，所以行之者一也：凡事豫则立，不豫则废[34]，言前定则不跲[35]，事前定则不困，行前定则不疚[36]，道前定则不穷。在下位不获乎上，民不可得而治矣；获乎上有道[37]，不信乎朋友，不获乎上矣；信乎朋友有道，不顺乎亲，不信乎朋友矣；顺乎亲有道，反诸身不诚[38]，不顺乎亲矣；诚身有道，不明乎善，不诚乎身矣。诚者，天之道也[39]；诚之者，人之道也[40]。诚者不勉而中[41]，不思而得，从容中道，圣人也。诚之者，择善而固执[42]之者也。博学之，审问[43]之，慎思之，明辨之，笃行之。有弗学，学之弗能，弗措也[44]；有弗问[45]，问之弗知，弗措也；有弗思[46]，思之弗得，弗措也；有弗辨[47]，辨之弗明，弗措也；有弗行，行之弗笃[48]，弗措也。人一能之，己百之[49]；人十能之，己千之。果能此道矣，虽愚必明，虽柔必强。”

注释

①哀公：鲁哀公，姓姬，名蒋，春秋末期鲁国的国君。

②布：陈列。方：木板。策：简策，竹简。方策，古代记事的典籍。

③举：实行。息：息灭，消亡。

④敏：快速。人道敏政，地道敏树：由人治理政事则政事见效快，就像用地种树则树木生长快一样。

⑤蒲卢：芦苇(依沈括说)，生长快速的植物。以容易生长的芦苇借喻政治的易于治理。

⑥亲亲:前面的“亲”字是动词，当“亲爱”、“亲近”讲，后面的“亲”字是名词，宾语，指亲人，父母。亲亲，亲爱自己的亲人，或亲爱自己的父母。

⑦亲亲之杀(shài):杀，减少，降等。就亲亲来说，有父母之亲，有叔伯之亲，这里面是有差等的。

⑧在下位，不获乎上，民不可得而治矣：郑玄注：这三句应该在后面“获乎上有道”句的前面。

⑨达道:达，当“通”字讲，天下古今的人所共同遵循的道理，叫作“达道”。

⑩达德:达，当“通”字讲。天下古今的人应该共同具备的德性，叫作“达德”。一：指立足于一个“诚”字。

⑪困而知之:困，指有弄不懂的问题，或有弄不通的地方。

⑫子曰:朱熹认为这两个字是衍文。

⑬斯:指示代词，此，这。

⑭九经:经，常道，准则。九条准则，称为“九经”。

⑮体:体恤，抚恤。

⑯子庶民:子，体爱。像父母爱子女一样地体爱庶民。

⑰来百工:来，通“徕”，招徕。百工，各方面的匠人。

⑱柔远人:柔，安抚。远人，指商贾行旅等人。

⑲怀:亲和，抚恤。

⑳道立:立，成立，体现，指道在自己身上能够体现出来。

㉑不惑:惑，迷惑，惑乱。昆弟：兄弟。不怨：怨，怨怒，出怨言。

㉒眩(xuán):眩惑，迷惑。

㉓劝:劝勉。

㉔归:归服，来归。

㉕畏:敬畏，畏服。

㉖去谗(chán)远色:谗，谗言。色：美色。不听谗言，疏远美色。

㉗官盛任使:盛，指官位高、官员多。任，任用。使，调遣。

㉘时使薄敛:时，四时，按季节。使，役使。这是说征用劳力要考虑季节，以免影响生产。敛，赋敛。薄敛，少征税。

㉙日省(xǐng):省，考察，察看，每日考察做工的勤惰。月试：试，考试，按月考试做工的成绩。既禀(kài lǐn)：既，本作槩，通“饩”，给与、发给。禀，通“廪”，府库的粮食。称(chèn)：相称，符合。事：事功，指做工所取

得的成果。

㉚嘉善:嘉奖有善行的人。矜(jīn)不能，矜：矜恤，怜悯。不能：没有才能的人。矜恤没有才能的人。

㉛继:继续。绝世：断绝后代的诸侯。对于断绝后代的诸侯国家，选择旁系的子孙接续君位，叫作“继绝世”。

㉜举:树立。废国，失去封土的国家。对于失去封土的国家，授予土地，重新树立起来，叫作“举废国”。

㉝朝:诸侯觐见天子。聘：诸侯国家派遣大夫互致问候并进献礼物。《礼记·王制》：“比(每)年一小聘，三年一大聘，五年一朝。”

㉞豫:事先做好准备。立：成功。废：失败。

㉟跲(jiā):跌跤，绊倒。这里指说不通。

㊱疚(jiú):病，毛病。

㊲获:获得。获乎上：获得在上位的人的信任。

㊳反:反问。身：自身。诚：诚信，真实而不虚妄。

㊴天:自然。天之道，自然的道理。

㊵诚之者:诚信地去做。人之道：人事所当然的道理。

㊶勉:勉强。中(zhòng)：符合，这里指符合道的准则。

㊷固执:坚守不放。

㊸审问:审，详细，详细地询问。

㊹有弗学，学之弗能，弗措也:有所不学则已，既然学了，那么，不把它学到手就不放下。

㊺问:向别人请教。

㊻思:用心思考。

㊼辨:辨别清楚。

㊽行:践履，照着所学的道理去做。笃：笃实，诚信。

㊾人一能之，己百之:别人学一遍就会了的，自己学它一百遍。

译文

鲁哀公问孔子，怎样才能很好地治理国政。孔子回答说："文王与武王治理天下的法则，都记载在木版与竹简的上面。不过，那个人存在的时候，他的法令才能通行；一旦这人去世了，那么他的法令就会随着他而消亡。人的功夫，应该赶快做好治国的事，就比如地的功夫在于快速使树木生长一样。那治理一国的事务，就像地上生长着的蒲苇一样，只要得了地气便可以迅速生长；国家如果得到贤人，也就可以立即治理好了。所以，要办好一国的政事，必须要有贤人来治理。而要寻求贤才，关键在于要把你的自身修好。要修好你的自身，你就必须依据正道去做。要修正道，你就必须有一颗仁爱之心，把心摆端正。仁这个字的意思，便是做人的根本，而亲爱父母，则是其中最重要的事。义这个字的意思，就是做事合宜的意思，而尊重贤能的人，则是其中最重大的事。同是亲近亲属，亲爱的程度却应该有所区别，比如对父母的亲情要重于对伯父叔父，对堂伯父要比伯父要远一些。尊重贤能的人，对不同类贤人的尊重也要有差别，比如对于公这一爵位人的尊重要大于对侯这一爵位的人。这些，便是礼节所以发生的了。所以，凡是有道德的君子，是不可以不修身的。要想修好自身，就不可以不孝顺自己的父母。要孝顺自己的父母，就不能缺乏知人之明。要想有知人之明，就不可以不知晓天道。普天之下人所应当共同遵循的道理有五项，而用以行使这五项道理的事主要有三项。这五项事是：君臣关系，父子关系，夫妻关系，兄弟关系，朋友的关系。这五者，是天下人人应该做好的。智慧、仁德、勇敢这三样，是全天下人都应具有的常行不变的德行。但用以行使这三项道理的道理却只有一个，即诚恳笃实。有的人资质好，生下来便知晓大道；有的人差一些，但可以通过学习来知晓大道；有的人资质很差，学了还不明晓，就要下苦功去研究才会了解；而有的人，得有好处才肯去做；有的人本领一般，一时做不好，就费加倍的力气做，但是等到他做成功，他与别的人的成功却是一样的。喜好求学，虽然不是大智，但他的这种精神已经算是近于大智了。尽力实行，虽然不是仁，但他这样做，说明他真实无伪，已经算是近于仁了。知道什么是应当羞耻的，虽然还不是英勇，但是他由此而发奋有为，已经算是英勇的了。

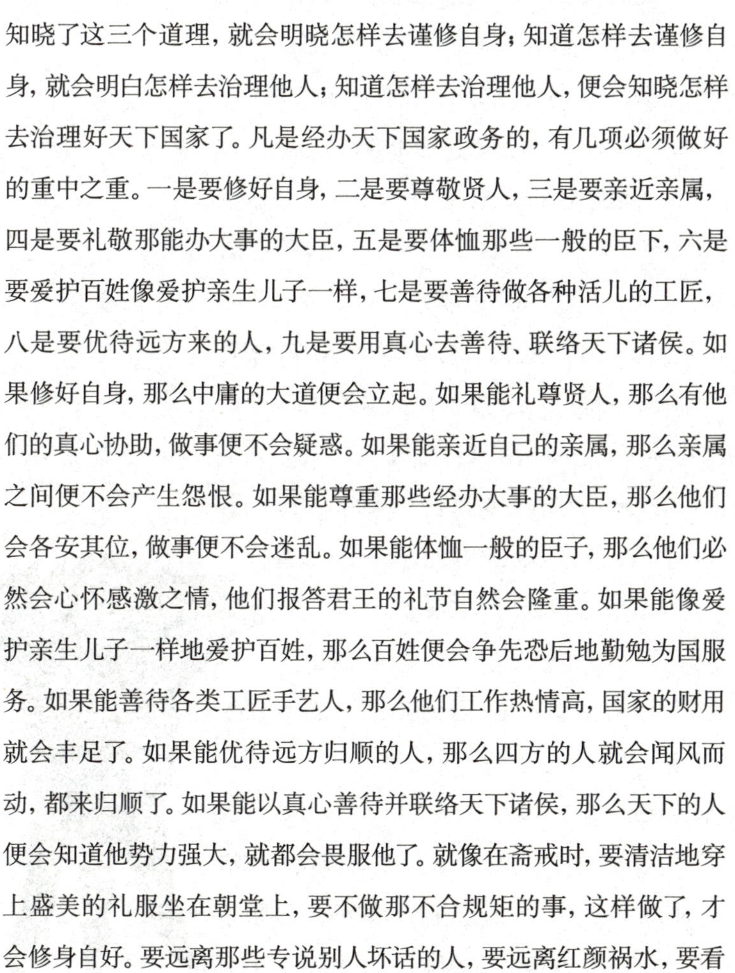

知晓了这三个道理，就会明晓怎样去谨修自身；知道怎样去谨修自身，就会明白怎样去治理他人；知道怎样去治理他人，便会知晓怎样去治理好天下国家了。凡是经办天下国家政务的，有几项必须做好的重中之重。一是要修好自身，二是要尊敬贤人，三是要亲近亲属，四是要礼敬那能办大事的大臣，五是要体恤那些一般的臣下，六是要爱护百姓像爱护亲生儿子一样，七是要善待做各种活儿的工匠，八是要优待远方来的人，九是要用真心去善待、联络天下诸侯。如果修好自身，那么中庸的大道便会立起。如果能礼尊贤人，那么有他们的真心协助，做事便不会疑惑。如果能亲近自己的亲属，那么亲属之间便不会产生怨恨。如果能尊重那些经办大事的大臣，那么他们会各安其位，做事便不会迷乱。如果能体恤一般的臣子，那么他们必然会心怀感激之情，他们报答君王的礼节自然会隆重。如果能像爱护亲生儿子一样地爱护百姓，那么百姓便会争先恐后地勤勉为国服务。如果能善待各类工匠手艺人，那么他们工作热情高，国家的财用就会丰足了。如果能优待远方归顺的人，那么四方的人就会闻风而动，都来归顺了。如果能以真心善待并联络天下诸侯，那么天下的人便会知道他势力强大，就都会畏服他了。就像在斋戒时，要清洁地穿上盛美的礼服坐在朝堂上，要不做那不合规矩的事，这样做了，才会修身自好。要远离那些专说别人坏话的人，要远离红颜祸水，要看轻钱财而要看重德行，这样做了，才会有效地鼓励别人去做贤人。对于贤人，要提升他的职位，加重他的俸禄，要使自己的喜好与厌恶与贤人们的喜好厌恶一样，这样做了，才会有效地使人民去亲爱他们的亲属。对于高级官员，要多为他们配置供他们驱使的吏员，这是为了激励高级官员，使他们不至于分心去顾别的事，而专心于如何把大事办好。对于士人，要真心实意地相信他们，增厚他们的俸禄，使他们能怀着感激之心，努力去把他们的职事做好。对于一般平民百姓，要在他们农闲的时候再分派给他们一些徭役，并且要少收租税，这样会使百姓心存感激，而对君王衷心拥护，从而努力干好自己的本职工作。对于工匠，要每天察看他的成果，每月考察他的本业，每月给他的口粮要与他业绩的好坏挂钩，这样做，是为了刺激工匠们的工作热情，使他们发挥出最大的潜能。对于远方来的人，要派人去欢送走的，派人去欢迎来的，奖励那优秀的，怜悯那不能干的，用这些方式来优待远方的人，使他们心甘情愿地来归顺。对于诸侯，要为他们作主，替那绝了嗣的立后代，帮助废亡的国家再度复兴，替他们平定国内的祸乱，帮助他们度过危难，让他们五年来朝见一次，三年来聘问一次，都按时合理地要求他们，赠送给他们的礼物务必要丰厚，接受他们的贡奉一定要尽量菲薄，这样做，是为了联络各国的君主，使他们真心地依赖我、服从我呀。总之一句话，要治理天下国家，有九宗大事要办妥当，而做这九宗大事的根本，则只是一个诚字罢了。凡是做一件事，先要有诚心的准备，那么就会成功；如果事先没有诚心的准备，那么便要失败。话，在没说出口之前，先在嘴里作了准备才说出来，那就不会语无伦次了；事，在做它之前，先去作充分的准备，那就不会在办事过程中遇到困难了；品行，在未立以前，先去真心准备，那么在立好之后便不会心有不安了；道理，在未讲以前，先去预备，那么在讲的时候便不会穷尽了。如果在下级的阶位，而不能获得上司的信任，会轻视他的权威，那么就没办法治理百姓。要想获得上司的信任，是有一定的道理的，那就是：如果不能先获得朋友的信任，百姓便不能获得上司的信任；要想获得朋友的信任，是有一定道理的，那就是：如果不能够顺着父母的心意，即是不孝，那么就不能够得到朋友的信任了；要想顺着父母的心，尽心行孝，也是有一定道理的，那就是：倘使反躬自省，自己内心不诚信，那么就不会顺着父母的心行孝道了；要诚实自身，是有一定道理的，那就是：倘若不明白那天理良心的好处，那么就不能诚实自身了。（可见，要做一件事以前，必定先要有一个道理。有了这个道理，才会有后来的良好效果。）诚恳笃实，是天生成就的道理；而使得人归于诚恳笃实，则是在于个人的勤奋修行了。诚恳笃实的人不必费气力去做，就已经合乎法式；不必用心去思考，就已经能得到。他不慌不忙地去做，自然会与大道相契合，能达到这一层境界的，便是圣人了。要使得我归于诚恳笃实，就必须用心去寻求那好的道理，用力去做，并紧紧地抓住这道理不放。那选择道理的方法，在于多多地去学习道理，详详细细地去审察这道理，小心翼翼地去思考这道理，明白无误地分别这道理，切切实实地按这道理去做。不学就不必说，如果已经去学了却没有达到目的，那就不应该轻言放弃，要锲而不舍；不问就不必说，如果已经去问了却仍不明白，那就不应该轻言放弃，而要打破砂锅问到底；不想就不必说了，如果已经去思考了却仍不能想通，那就不应该轻言放弃，而要钻研到头；不去分别就不必说，如果已经去分别却仍分不清，那就不应该轻言放弃，而要究根溯源；不去做也就不必说，如果去做而仍不能达到切实的目的，那就不应该轻言放弃，而要坚持做下去。别人用一分的气力可以做到的事，我就用一百分的气力去做；别人用十分气力去做的事，我就用一千分的气力去做。如果真能有这样的恒心毅力，即便是愚昧的人也会变得聪明；即便是柔顺懦弱的人，也会变得刚毅坚强。只要有诚心，没有办不成的事，道理就是如此啊。”

评点 

这一章讲中道的"费而隐"、兼小大，而以"人存政举"为一篇的主旨，这一章较长，可分为这样几节。

从"哀公问政"至"夫政也者，蒲卢也"一节，讲的是"人存政举"的容易。鲁哀公，孔子时鲁国的国君，曾几次就治国问题询问孔子。鲁哀公时，鲁国政权已被权臣把持，国君如同虚设，他心中忧虑，于是请教孔子如何治理国政。孔子认为，古往今来的君王，没有比周文王、周武王更贤明的了，所以国君要以他们二人为榜样。他们虽然已经不在人世，但他们的那些施政纲领还留存在木板竹简上，可以参考。话虽这样说，木板竹简是死的，在实际政治活动中，必须上有明君下有贤臣，国家才能治理成功；如果上无文王、武王那样贤明的君主，下无文王、武王时的那帮贤臣，那么国家是治理不好的。在这里，孔子以文王、武王为榜样，意在激励鲁哀公：如果有重振鲁国的雄心，就应当以文王、武王这样的贤君为学习的楷模。接下来，孔子举了生活中的实例来说明。人存政举的道理，怎样才能说明呢？一般而言，人的道，以有为为主，进行政治活动，如果以有为的态度去做，是很快就会取得成效的。只要君臣协和，以德为急务，那么国家便会很快捷地治理好。这就好比大地的道，在于生发长育万物，树木在适宜的土壤里长得很快。如果土质肥沃，那么草木自然会欣欣向荣了。这样说来，像文王、武王那样的德政，既能合于人情，又能顺宜风俗，一旦圣主贤臣这一条件具备，很快便可以产生天下平治的效果。到底有多容易呢？孔子又以地生芦苇为喻。芦苇非常易于生长，只要有一点土一点水，它便会成片生长，文武的仁政也是一样的。

从"故为政在人"至"则知所以治天下国家矣"一节，专讲修身的事。因为"人道敏政"，所以贤君治理天下，必须要有辅佐他的贤臣。但贤人深藏在一般民众中，不肯主动前来。那么，君王是否能招致他们为自己服务，关键在于他个人是否能谨修自身的品德，从而具有个人号召力而吸引贤才来投奔他。那么，修身又得怎么做才合适呢？关键是能否使大道在自己心中确立，只有内心以大道为支柱的人，才能言行合乎法度，不至于越出规范。但是，大道无边，笼统说修道，还是让人觉得茫然没法把握。如果从切近处着手，就是要有一颗仁爱之心，因为仁是为政的根本呢。接下来，孔子论述了仁义。杀，是隆杀递减。为什么修身必须要仁德呢？因为有了仁德，便有了慈爱恻怛的心了。但仁虽是讲求博爱众

生，对众生的爱却并非一视同仁的。亲近自己的亲人，是其中最为重要的。因为父母是生我育我的人，恩比天大，一辈子也报答不尽。所以，一个人的良心发现，在血缘亲情上最易于表现出来的。而亲人亲情，则全是由父母之爱衍生出的。有仁必有义，义的作用是能明辨众理，使之各得其得。而在众多的义之中，尊重有贤德的人是其中最主要的。因为，亲亲的道理全靠贤德的人才能讲明白。至于从父母而推及到其他亲人的亲情递减，从师长推及到朋友的尊贤之心的递减，这些全是从礼上发生，决不能掺杂一丝一毫个人的私心，这是对努力修身的人所做出的要求。上面讲为政在人，取人以身，这是说君王是政治的根本，他的德行修洁与否，直接决定着一国政治的清明与昏乱。所以，作者再次指出“君子不可以不修身”的道理。而修身以道，修道以仁，仁的实在功夫，莫如事亲。所以，君子如果要修洁自身，那么就决不能放过行孝事亲这一关节。而事亲行孝，要做得恰当，必然要从尊贤处来，因为尊贤是“义”中最重要的一环。要尊贤，就要先知晓孰贤孰不肖，这就关系到知人与否了。要知人，就先得有道存于胸中，即天道，所以又要知天。因为，天是一切道理所出之处，人如果能知天，则天下还有什么不知晓的呢？这一系列的推论，都是孔子所坚信不疑的。接下来，承上面要“知天”，作者又详细列举了“天道”要求的五桩大事，三项理论，即五“达道”与三“达德”。五达道，是指人在社会中与他人的社会关系而言。而君臣、父子、夫妇、兄弟、朋友是维系社会稳定所最需要的，所以孔子在这里着重指出了它们。既然指明了五项要务，那么又如何去实行它们呢？孔子紧跟

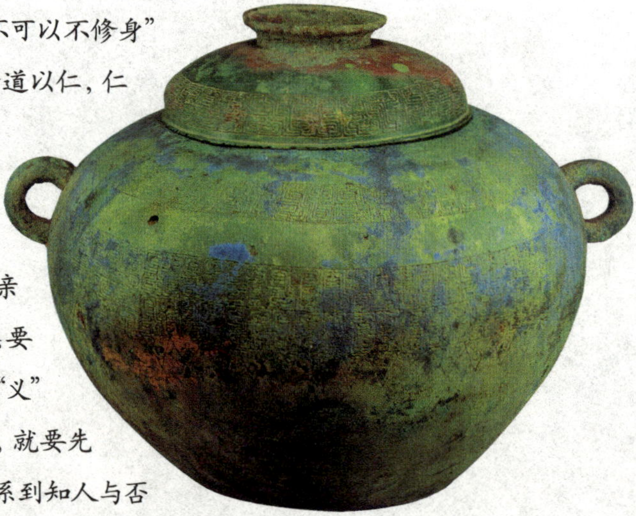

着又指出了行这五“达道”的三项义理，即“三达德”。心的明称为智，心的公称为仁，心的强称为勇，人的心灵是否能具有这三项要求是决定五“达道”是否能行得通的关键所在。而又是什么决定着这三“达德”呢？孔子认为是“一”，即一心，诚恳笃实。只有心诚，才能智仁勇兼具，才能行五达道。那么，用“达德”去行“达道”，具体情况又如何呢？从知这一方面讲，有的人天生聪慧，不用费心，自然便明晓这些“达道”的。有的人博闻强记，但要通过努力学习，才会明晓这些“达道”。更多的人则是天生愚钝，只有用心思索，才能有所了解。这几类人正代表了人类的复杂情况，他们的明晓“达道”虽然有难易、先后的不同，但各人通过努力，能够明了“达道”则是一样的。接下来，对于如何才能达到知仁勇三“达德”，孔子又提出了各自的入手处。求学是为了明晓道理，如果人能好学不倦，就一定会走出愚昧而近于明智。力行是为了去私，如果能力行去私便近于博爱无私的仁了。知耻是为了立志，如果晓得了自己在哪些方面不及他人并引为奇耻大辱，就能够奋发，而近于大勇了。以上三项，正是教人如何从知仁勇的浅近处入手。做国君的，如果真正能够“好学”“力行”“知耻”，就能够用三“达德”去行五“达道”，便是明晓谨修自身的道理了。这样，便会明晓治人的道理了，以近于完美的自身去号召天下，天下人也就会随从仿效，天下也就不治而安了。这样看来，治天下的人首先必须先修身，修身应先从德入手，这是至关重要的。

从“凡为天下国家有九经”至“凡为天下国家有九经，所以行之者一也”一节，是讲治人的事。治理天下国家是极为繁难的，而在国君所应当处理的政务中，有九项是重点，不可以不体察。国君

一身关系到天下治乱，所以国君要修身。贤人是国家至宝，是政策的具体执行人，所以应予尊重，九族亲属与国君有血缘关系，所以要予以尊重。太保、太傅等高级官员是国君的左膀右臂，所以必须礼敬。群臣是繁劳政务的具体执行者，所以要体恤他们。平民百姓是自己的臣民，又是决定君位牢固与否的最大力量，所以要以慈爱仁政去对待他们。百工能为国家带来器物、财产，所以要善待他们。四境之外的人要与他们搞好关系，所以要怀柔他们。而天下诸侯则是君王统治天下的支柱，所以要好好待他们。这九项大事，就是所谓“九经”的细目，是君王最要优先办好的大事。接下来，孔子则具体阐述了“九经”各自不同的重大作用。修身就可以尽道，就可以倡导天下民众向善；尊贤就会得贤人辅佐，而不会做事迷惑了；亲亲就会使亲属和睦；敬大臣就可以使大臣兢兢业业为国服务，临事就不会眩惑；体群臣就会使受到恩遇的臣下尽心效忠；子庶民就会使百姓心悦诚服地听从调遣，不会反抗；来百工就会使货物充足，财源滚滚；柔远人就会使远方人来归顺；怀诸侯就会使天下和如一家，就不会有不畏服的臣民了。“九经”既然可以有这样重大的功效，那么就必须努力去实行它们了。接着，孔子便具体地论述了怎样入手去行这“九经”。在静处家中，不与人应接的时候，君子应当使内心纯洁，使衣服整齐；到了应接他人的时候，要循规蹈矩，不做违

反礼规的事，这样才能使内心修洁。君子又要时时警惕，远离小人和女色，专心国事，轻财重德，那么贤人便会奋发作为了。对待亲人，要提升他的地位，加厚他的俸禄，以大公无私的心与他交往，那么亲人便会奋发作为了。对于肩负重任的高级官员，要多派些小官去分担他的日常繁琐事务，使他专心于国家大事上，这样，大臣们便会奋发作为了。把忠信的观念灌输给士人，加厚他们的官俸，去除他们的后顾之忧，那么士人也会奋发作为了。对于人数最多的民众，要徭役有度，征收的税也尽量少，百姓便会干劲十足。对于工匠，应时时检查他的成品，并据此分配报酬，那么工匠便会热情高涨地工作了。对于远方人，更要小心爱护，那么国君仁爱的美名便会传扬天下，四方就会归顺。对于诸侯们，要存亡继绝，使他们心怀感激，从而一心一意为国君服务。能这样地去做“九经”，就会使天下太平，自己也会王位稳固，长享美名了。论说完九经，孔子便把它们的实行归结到了“一”，即“诚”上面来。因为人如果诚恳笃实，那么就会专心干实事，那么“九经”才会实现了。

从“凡事豫则立”至“虽愚必明，虽柔必强”一节，讲的是求诚。上一节已经讲到了“诚”字，它的获得需要一个长期的工夫。实行起来，必须预先有所准备，临事才会成功；如果平时不预先准备，临事就必然失败。为了说明这个道理，孔子举了人发言的例子：人在发言前必须打好腹稿，才会说得清楚连贯，否则必会结结巴巴、辞不达意。做事也是一样，不预先做准备，就会在实践过程中栽跟头！心中要行一道，必须在行之前想定了，然后才可以去做，这样才会有成功的可能。孔子说了这么多，用意只在于：中庸的大道，也必须预先用功勤勉，然后实行到言语行动中，才不至于穷尽匮乏。

孔子在这里列举了言、行、事、道四项，目的是说：做事，必须在事前有通盘的打算，有成熟的考虑，然后再去实行，实行中才谈得到恒心毅力问题。如果事先没有一定的打算，贸然行动，必然不会成功。在这里，孔子训诫的意味是很强的。接着，孔子又作了推想：下级官员要办好事，就必须有上级的支持，否则，什么事也办不成。而要获得上级的信任，就必须先获得朋友的信任，为什么？这是因为人的待人处事都是一以贯之的，如果他不诚信，信誉坏，自然是不会得到上级与朋友的信任的了。所以，看一个人是否能得上级信任，只要看他是否能得到他朋友的信任便足够了。同样，看一个人是否能得到朋友信任，可以通过他父母对他的喜爱与否便可知道，因为与朋友交往讲求一个“信”字，与父母交往讲求一个“孝”字，而信与孝，二者是相通的。如果连父母也讨厌他，那么这个人一定是为人凉薄，这样的人与朋友交往也一样不会得到朋友信托的。这样，孔子便推出了诚笃的根本来了。如果人不能诚恳笃实，那么服事父母便是外有虚文而内里没有爱父母的诚心，他也就肯定不会受父母喜爱了。那么又得怎样才能诚恳笃实呢？孔子认为，这需要预先明白格物致知的至善，如果不能明白什么是至善，那么就分不清善恶，就难免好恶失实，势必不能诚身了。这样，孔子又把“诚”字逐步提升到了至高地位。人为什么非要求“诚”不可？孔子认为，诚作为至性是出自于上天的，它是上天本然的大道。要求“诚”，就必须尽人的“性”。只有尽了性、尽了诚的人，才不会勉强行道，因为那大道对他而言已是轻车熟路了。不必终夜思虑，自然而然地便会得到这大道了。这便是从容中道的圣人，也就是自然的天道了。人只有奉“至善”为道，坚守勿失，才会最终到达“诚”的地步，只有这样，才可以算得上是尽了人道了。最聪明的人毕竟是少数，多数人要求“诚”，就只能勉力以去做才有可能达到这一目的。具体去实行，孔子认为必须经过五个阶段，缺一不可。天下万物各不相同，君子只有考索古今，通过广博的求学才能知道它们的理。光是盲目地学习还不够，还要详细地访问，以求解决在学习过程中可遇到的疑惑。学习了，审问了，还不够，还要学会缜密慎重地思考，这样才不致于有过差。在这三者基础上，还要求君子能明白地辨别，才不会迷于美丑善恶。学、问、思、辨这些工作做好之后，最后也是最重要的一项便是诚恳笃实、脚踏实地地去实行这得来的大道了。如果没有笃行这最后的一环，前面四项就全落了空。既然知道了学、问、思、辨、行，那么又要如何着手去做呢?孔子指出：勉力向道的人要有坚定的恒心。学习过程中产生困难是正常的，那么这时就要坚韧不拔，不达目的不罢休，这样才会最终融会贯通，真正地把握它。同样地，产生疑问，思考、辨析过程中也会出现困难，也要求人去用非凡的毅力去克服它们，这样才会最终到达成功的彼岸。聪慧的人用一分辛苦便学会的东西，愚笨的人用百分的辛苦也一样学得会，关键看人是否愿意为了真知而流汗水罢了。这样说来，人人都有掌握大道的可能，但如果不下苦功，不付出任何代价，那么他就将一事无成。反之，人如果肯吃苦，为了学问宁愿付出代价，那么怎么会不成功呢?

自[①]诚明，谓之性；自明诚，谓之教[②]。诚则明矣，明则诚矣。

注释

①自：当“由”字讲。诚：诚信。指立足于一个“诚”字。明，彰明，昭著。性：天性，自然的本性。自诚明，谓之性：由诚而明是自然的本性。这是说只要立足于一个“诚”字，仁义礼智等先天固有的德性自然地就会发扬起来，也就是“诚者，天之道”的意思。

②明：明白。自明诚，谓之教：由明白至善的道理而到达“诚”的境界，这是教化的结果。也就是“诚之者，人之道”的意思。

译文

以诚心为出发点去弄明白道理，叫做自然的天性。以明白道理为出发点去生起这诚心，叫做教养成功。有了诚心，人就能明白这道理。能够明白这道理，就知道他有诚心了。

评点

这一章是发挥天人合一的观点。作者要发挥天道、人道的意义，勉励天下人从“教”上恢复天命的“性”。先诚后明的人，他的德行笃实，明慧照澈，这是难得一见的圣人之德，不必勉力修行便可获致。但天下人先明后诚的还是居多的，这些有贤德的人尽力

求道，并能在求得后坚持此道，身体力行，这是从后天教育得来的。前者称“性”，后者称“教”；前者为天，后者为人。天与人虽有差别，但最后的效验却并没有区别。因为，从诚而明的人，既已有大道在内，神明自照，所以能诚能明；而从明而诚的人，既能识别真伪善恶，神明自然来到他心中，所以也能明能诚了，而这两种情况便是天与人合一的效验了。

帷天下至诚，为能尽其性①；能尽其性，则能尽人之性；能尽人之性，则能尽物之性；能尽物之性，则可以赞②天地之化育；可以赞天地之化育，则可以与天地参③矣。

注释

①至诚：指代德参天地的圣人。尽：知晓并实行。

②赞：赞助。

③参(cān)：并立。与天地参，达到天、地、人三位一体的境界。

译文

只有天下最诚心的人，即生知安行的人等的圣人，才能完全地发展自己天赋的本性。能够完全充分地发展他天赋的本性，才能完全明了众人的本性，也使他们能完全地发展各自的本性。能够完全地明了并发展众人的本性，才能完全地知晓万物的本性，也使万物能完全地发展各自的本性。能够完全知晓和发展万物的本性，那么就可以帮助天地间万物，参与它们的生长发育了。能够帮助万物生长发育，那么他就伟大之极，可以与天地并列为三了。

评点

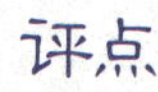

这一章讲至诚尽性的功效，即可以与天地并列为三。作者认为，世人对于诚，有的并不能完全尽用，那么这性就势必不会尽

用，因而与天地间的其他事物便不能相通了。只有那至诚至善的圣德之人，行事完全以至道为准则，绝对地不夹杂私欲，所以能与物无别，所以能洞见万物之理，能穷尽其理。而人性与我的性在根本上是一样的，所以人只要能尽自己的性，当然也就能通过教化来尽他人的性了，推而广之，便能尽物的性了。至诚的人，不但能够尽自己的性，尽他人的性，尽万物的性，还可以帮助天地生育万物。如果能参与天地生育万物，那么这圣人便是与天和地一样地崇高伟大，所以说可以与天地并肩。在这里，充满了作者个人臆想，圣人被无限夸大，读者只应该有保留地阅读，而不必全信。

其次致曲。曲能有诚①，诚则形，形则著②，著则明，明则动，动则变，变则化。惟天下至诚为能化。

注释

①致：做到。曲：一端，一偏，指某一个善端。致曲：做到发扬某一个善端。曲能有诚：发扬一个善端就能达到诚的地步。

②形：表现在外面。著：明显。诚者形：内心有一个"诚"字就能表现出来。形则著：表现出来就会有所显露。

译文

比上等圣人次一级的人，不能自然完全地发展自己的本性。这类人便先从明晓道理入手，专心去求得一端，然后再一端接一端地去求，这叫"致曲"。求到一端，虽然不是道的整体，但是只要用力去做，就能够有诚心。内里有了诚心，那么外表便会显现出来。外表有了显现，那么别人就会看得见。别人看得见，那么就光明正大了。能够光明正大，那么就能够感动人心了。能够感动人心，那么就能叫人变好了。能够叫人变好，那么就可以感化全体了。所以，只有那天心最诚的人，才能够达到感化别人的神奇境界。

评点

这一章讲"致曲"的人能尽人道以明天道，全是靠这"致曲"的功夫，即择善固执的道理。致曲，指相对圣人次一级的人而言，曲是"诚"的偏端，"诚"是曲的全体。至诚的人理所当然地能够尽性，赞助天地化育万物。而次一级的人，诚没有达到极致，于是可以换一个方法，即尽力推致一端的功夫，把这一端发展到极点，这就是致曲。一端一端地逐个推致，没有遗漏后，就能得到全体的"诚"了。这是积部分为整体的方法，但成效与圣人的是一样的。

至诚之道，可以前知①。国家将兴，必有祯祥；国家将亡，必有妖孽。见乎蓍龟②，动乎四体③，祸福将至，善必先知之，不善必先知之。故至诚如神④。

注释

①前知：预先知道。

②见：通“现”。蓍：蓍草，供占筮用。龟：龟甲，供龟卜用。见乎蓍龟：通过卜筮显现出来。

③四体：四肢，指人自身。动乎四体：吉凶将要作用到人自身。

④神：鬼神。

译文

极端诚心的效验，是能够预先知道未来的事。当国家将要兴旺发达的时候，就一定会出现些吉祥的事物；而当国家快要灭亡的时候，也一定会出现一些妖怪的事物。这些征兆，可以通过卜卦用的蓍草与龟甲来显示，并在人的四肢举动里流露出来。当祸患或福气将要来临的时候，有好的事，是一定可以预先知道的；有不好的事，也一样可以预先知道的。所以，极端诚心的人，能够预知未来的事，好比神人一样灵验。

评点 

这一章是申明“诚则明”的意义，但前面章节所讲的“诚则明”是指全体，这一章讲“诚则明”则专从祸福上着手。祯祥，即美好的祥瑞，比如灵芝、麒麟等。妖孽，即不祥的标示，如冬天打雷，夏天下雪等。人如果不能尽诚，就不能明万物之理，就无法与鬼神相通。只有至诚的人，才能洞悉一切，不必借助智术，就可以未卜先知。国家兴亡，可以有异物先出现，人的自身也是这样。可见，祸福将至，必然可以前知。

诚者自成也，而道自道也①。诚者物之终始，不诚无物②。是故君子诚之为贵。诚者非自成己而已也，所以成物也。成己，仁也；成物，知也。性之德也，合外内之道也，故时措之宜也③。

注释

①自成：由自我完成。自道(dǎo)：由自我实行。

②诚者物之终始，不诚无物：“诚”作为宇宙万物的本体，贯穿在事物发展的全过程，离开了“诚”，事物就不存在了。

③外：指成物。内：指成己。时措之：随时实行起来。宜：适宜。

译文

诚，是使自己成功的好方法。讲到道，那就是自己引导自己从它上面走的。诚这个字，天下万事万物的开头结尾都包含在它里面了，如果不诚笃，就不会生成世间的万事万物。正因为如此，所以有道德的人是非常珍视自己的诚心的。讲求“诚”，不仅仅是使自己“诚”就罢了，还要使得别的人与物也能“诚”，也能成功。使自己诚，这是仁；使物诚，这是智。这些都是天性生成的固有德行，就是外面成就一切事物，里面成就自己合而为一的道理呀。所以随便什么时候，放在什么地方，“诚”这个字都是合宜的呀。

评点

这一章重在“自成”二字，讲自成，则成物就已包括在内了。

“诚者自成也，道者自道也”一句，是讲诚的道最切近于人。其实，这个“诚”，便是天命的“性”，是一切生物赖以生存的道。这个“道”，就是率性的“道”。诚与道，应该人人去努力争取，而不可随便放弃的。

从“诚者物之终始”至“是故君子诚之为贵”一节，详细说明人们应当求诚的缘故。为什么人必须要求诚？因为它是天下本然的理，不可不求。万物都有始(即生)有终(即死)，它们不是自己始自己终，而是有大道支配着它们的终始，即诚。如果人做事而不诚，那么即便做了也与不做一样。所以君子应择善固执，去除自己的不诚而求自己的诚心，这是最值得宝贵的了。

从“诚者非自成己而已也”至“故时措之宜也”一节，推阐尽诚的妙处。君子固然要努力求诚，但仅仅成就自己的诚是不够的，还要求诚于他人。成己的人，毫无私意，全体浑然，这是仁的表现。成物的人，随物施教，使事物得当，这是智的表现。仁是成己，智是成物，从外表上看，似乎有内外之别，但从实际上看，性之为德，是没有内外之别的。合内外为一道，所以君子经常担心自己不能尽诚。如果君子能诚己，便能成物，随时施予，无所不宜了。

故至诚无息[①]，不息则久，久则征[②]，征则悠远，悠远则博厚，博厚则高明。博厚所以载物[③]也，高明所以覆物[④]也，悠久所以成物也。博厚配地，高明配天，悠久无疆。如此者，不见而章[⑤]，不动而变，无为而成。天地之道可一言而尽也：其为物不贰，则其生物不测[⑥]。天地之道博也，厚也，高也，明也，悠也，久也。今夫天，斯昭昭之多[⑦]，及其无穷也，日月星辰系[⑧]焉，万物覆焉。今夫地，一撮土之多，及其广厚，载华岳[⑨]而不重，振[⑩]河海而不泄，万物载焉。今夫山，一卷石[⑪]之多，及其广大，草木生之，禽兽居之，宝藏兴焉。今夫水，一勺之多，及其不测[⑫]，鼋、鼍[⑬]、鲛、龙、鱼、鳖生焉，货财殖焉。《诗》曰："维天之命，於穆不已。"盖曰天之所以为天也。"於乎不显，文王之德之纯[⑭]。"盖曰文王之所以为"文"也，纯亦不已。

注释

①无息：不间断，不停止。

②征：见效验，见功效。

③载物：负载万物。

④覆物：包容万物。

⑤章：通"彰"，明显。

⑥其为物不贰：物，指天地。不贰，统一在一个"诚"字。生物不测：物，指万物。测，测度，揣度，指生物之多不可量度。

⑦天:自然界。斯:语助词,无义。昭昭:形容明亮的样子.多;众多,指星辰众多。

⑧系:高悬。

⑨华岳:华山和岳山,都在今陕西省境内。

⑩振:收振,收纳。

⑪卷(quán)石:拳头般的石头。卷,通"拳"。

⑫不测:深不可测。

⑬鼋(yuān):大鳖。鼍(tuó):扬子鳄。

⑭《诗》:指《诗·周颂·维天之命》篇。维:语首助词,无义。於(wū):感叹词,无义。穆:深远。於乎:通"呜呼",感叹词。不显:盛大。纯:纯洁,纯正。诗的大意是:上天的明命,啊!深远而没有止境。啊!岂不是很昭显,文王的大德是那样纯洁。

译文

所以,极端诚心的人是时时刻刻都诚心,而没有一刻停止的。没有停息,那么就能够耐久。能够耐久,那么自然便会生出效果来。能够生出效果,那么便会越发地长远了。能够长远,那么便会阔大厚实起来了。能够阔大厚实,那么便能够高大光明起来了。阔大厚实,其作用是用以载住地上万物的。高大光明,其作用是用以覆盖住地上万物的。长远,其作用是用以成就地上万物的。阔大厚实可以配得上大地,高大光明可以配得上天,这长远的功用是没有边际的。像这样,不等到它自动表现,就已经会彰显了;不等到它自己行动,就已经会变化了;不等到自己有所作为,就已经会成功了。所以,天地的道理,可以用一句话就说完。它的化成万物,只需诚笃,而不必有第二种心。所以它的化生万物,也就没有限量,不可测度了。天地之间的大道,是很博大的,是很厚实的,是

很高大的，是很长远的，是很悠久的。现在谈到天，我们所看见的不过是这一点点不多的光亮；但讲到它无穷的一面时，日月与星辰这些天体都会系缀在它上面，世上万物也都受到它的覆盖。现在谈到地，用手抓不过是一把泥土罢了；但讲到它的辽远深厚一面时，它能负载着像华山这样的山岳而不觉得重压，能够容受黄河与大海而不会泄漏出一点儿水，世上万物都堆载在它的上面。现在谈到山，人只能拿起上面的一块石头罢了；但讲到它的广大一面时，草与树木生长在上面，飞禽走兽住在上面，无数的财宝隐藏在里面。现在谈到水，人可以从中取出一小勺的量；但讲到它的深不可测时，像鼋、鼍、蛟、龙、鱼、鳖这么多生物都可以生活其中，水中的各种货财也都聚积在那里。《诗经·周颂·维天之命》说道："只有那上天的明命，它是多么地好呀！它永远没有片刻的止息。"这两句诗大概是说天之所以成为天。《维天之命》又说："哎，岂不是很显明的吗？文王的道德是多么地纯正。"这两句诗大概是说文王之所以成为伟大文王的原因所在吧。文王德性的纯正，也是与天一样，是没有一时一刻停止的，这便是文王的至诚不息了。

评点 

"至诚无息"一句，是这一章的主旨。

从"故至诚无息"至"不动而变，无为而成"一节，论至诚无息的功用，认为它与天地相同，也是出于自然。一般人对于诚，还没有完全获致，就中途止息了，因而也就不能获致大道。只有笃诚君子才能坚持不懈，并最终获得大道。如果人能够坚持下去，那么长此以往，诚便会在心中扎根，发而为事业，就会获得极大的成功，这便是诚的明证了。人如果能至诚，那么效验就一定会悠远而舒迟，远然而绵亘了。诚既然能悠远。那么君子的德就是累积而近于大成了，那就势必会上达宇宙，下至人心，这就会非常地博大深厚。诚德博厚，那么，君子发而为事业，就会高不可及，明不可蔽了。君子如果能诚其德，那么，天下万物自然便会受到他的统括，并领受到他的德泽。这样，便算作是有恩于万物，与大地一样可以载物了。至诚的功业流布到外面，达到高明的地步，那么天下万物受到它的照耀，就可以算是覆盖万物了。天下万物受到它高明而博厚的恩泽，就会生机盎然，各尽本性，可以算是能生成化育万物了。地是能够承载万物的，而至诚也是一样可以承载万物的，所以至诚之道与大地之道相近，因此说“博厚配地”。天能笼罩万物，并把光明施予万物，而至诚之道的“高明”属性也一样临照万物，所以它与天道相近，因此说“高明配天”。天地生成万物，所以是永不消亡的；而至诚作为至道，也一样亘古长存，所以说它“悠久无疆”。至诚的功业照耀天下万物，所以说它是彰显的；它又不是一成不变，而是日日自新的；它又不勉力冒进，而是自然成功的。因此，至诚的功用，它大到可以与天地并列为三了。

从“天地之道可一言而尽也”至“货财殖焉”一节，是以天地至诚无息的功用，来申明圣人至诚无息的功用。一言而尽，即用一个字来统括。不贰，指诚心如一。上面既已讲过了至诚功业的与天地相并，那么天地的功业到底是怎样的呢？天地虽然广大，但其道理却是可以归结为一个“诚”字。天道是阳、刚，地道是阴、柔，它们组合成万物之道的总纲。天地之道纯一不杂，即是诚，所以才能化育万物。具体说来，它具有博、厚、光、明、悠、久的特点，它与圣人的诚一之道是完全一致的。接下来，作者列举了天、地、山、水看似微陋浅小，实则广大涵容的特点。由此看来，天地的化生万物，是无所不包的，是神秘莫测的。推而广之，那么圣人至诚的功用便可以知晓了，因为圣人的至诚是与天地至诚之道一样的。

从“诗云”至“纯亦不已”一节，作者引用《诗经》中的诗句，合论天地与圣人都是同样地至诚无息，从而结束本章。诗句是说，只有苍天一个，在主宰着万物的命运，它深远而旷久，生生不息，这是苍天的至诚无息；而文王的大德，纯粹如一，没有瑕疵，这也是他至诚不息的结果。这样说来，文王的德与天地德都是一样生生不息的，所以二者的功效，也就是完全一样的了。

大哉，圣人之道！洋洋乎①，发育万物，峻②极于天。优优大哉！礼仪三百，威仪三千③，待其人然后行。故曰“苟不至德，至道不凝④焉”。故君子尊德性而道问学，致广大而尽精微，极高明而道中庸，温故而知新，敦厚以崇礼⑤。是故居上不骄，为下不倍⑥，国有道其言足以兴国，无道其默足以容⑦。《诗》曰：“既明且哲⑧，以保其身。”其此之谓与。

注释

①洋洋乎：形容大而无所不包的样子。

②峻：高。

③优优：宽大的样子。礼仪三百：古代有关婚礼、冠礼、丧礼、祭礼的条目大约有三百条。威仪三千：古代有关吉礼、凶礼、军礼、宾礼、嘉礼的条目大约三千条。

④凝：凝聚，成功。

⑤道问学：由问学一步步地做起。广大：指德性广大能够包容一切。精微：指道理的细微处。极：穷极，达到最高点。高明：指德性的最高境界。道：遵照，遵行。敦：笃实。厚：厚道，指德性。崇：崇尚。礼：指礼仪三百，威礼三千。

⑥倍：通“悖”，悖逆，又通“背”，背理。

⑦有道：指治世。兴：振兴，使国家振兴。无道：指乱世。默：沉默。容：容身，免遭祸害。

⑧《诗》：指《诗·大雅·烝民》篇。明：审时度势。哲：机智，聪明。

译文

多么伟大呀，圣人的道理！它流动充满四方，生起化育世间万物，它高可及天，是这样充裕有足的广大呀！这大道，大的礼节规矩有三百条，小的规矩有三千条。这不同的规矩，总得那有道德的人才能够去做。所以说："倘若不是那有最大德行的人，这完美的大道便不会实行成功。"所以，有道德的君子，看重自己的德行和品性，再去研求那大学问。他用力去达到那最广最大的地步，养护自己的诚心，用心去研求那最精最细的道理，使内里明白。他穷尽那最高远最光明的大道，研求那不偏不倚的中庸大道。温习了学过的知识再去学习新的知识，就可以真正学到新知识。加厚自己的德行，来尊崇礼仪。能够做到这些，那么他即便身居在上的阶位，也不会目中无人；即便身居在卑下的阶位，也不会背叛。国家政治清明的时候，他把所学的大道发布出来，就可以使国人改过而振兴；国家政治昏乱的时候，他便保持缄默，这样便不会招来别人的憎恨，而可以保存自身。《诗经·大雅·烝民》说："心中既已高明，又见多识广，可以用来保存自己的身体。"大概就是这个意思吧。

评点

这一章赞颂圣人之道的伟大，说明了圣人之道必待贤人而后行的道理，并说明贤人、君子应当怎样修养自己的知识与德性，和应当抱怎样的处世之道才能既全道又全自身。

从“大哉，圣人之道”至“威仪三千”一节，赞美圣人至道的高大光明。作者一开始便用“大哉!”这一赞美色彩极为强烈的词来对圣人之道作一总体评价。道就是“率性”的道，只有圣人才能具备，所以用“圣人之道”称呼它。作者认为，中庸大道是出之于天，率之于性，并由至诚的圣人保存着的。道的整体，越求越广及至无穷；而道的效验则深远不尽，所以作者对道发出了由衷的赞美。接下来，作者则具体地谈论道的大。道的广大，上至天，下至地，无处不在，它充满在万物之中，而又永恒流转。它的功效是能滋长繁育世间万物，道的本体是高可及天，充盈万物的。接下一句，仍是讲它的大。大道之广，是散于万物，充乎万物的，所以作者用“优优”

一词来形容。然后作者以礼规为例，指出礼仪的大纲都是道的节文，礼仪的具体细节则是它的具体体现。因此，可以知道圣人的大道是无大不包、无小不容的了。

从“待其人然后行”至“至道不凝焉”一节，分别从正面、反面论行道，是承上节启下节的过渡部分。作者认为，圣人之道是很难获得的，只有睿哲的大圣才能躬行此道。因为一般的人知识浅陋，是不可能学到它的全部的，也不可能认识到它的细密之处的。由此看来，要成至道，就一定要先进德自修。

从“故君子尊德性而道问学”至“敦厚以崇礼”一节，论君子应如何修养自己的知识与德行。道作为本体，高大到无物可与之相并，极小到无物可以破，存在于万物之中。因而，体道的君子既可能认识到它的这些特征，就应该先从自身的修身正心做起。修身正心，就应

当敬奉天赋的德性而不可放弃；知道至道极细微，如果不能致知便不能成就其小，于是就应该努力格物致知，探究世间万物中所蕴含的大道。但又应当认识到，天下万事万物是不可能事事尽知的，德性本来是广大无边的，只是一般人由于受到个人私欲的蒙蔽而使自己心中之道变狭小了。所以，人必须超越私心，以至公之心去体道、弘道，才会获致大道。而精微的道理，本是德性中所固有的，人只有通过格物致知的“问学”之路才能知晓它们。德性本来极高极明，只因受个人私欲的牵累而变卑变暗了，只有破尽私欲，才能恢复至道本来的高明真面目。中庸是至道的体现，人要尽力问学，明见自己的本性，才能在处理事物时没有过与不及的弊端。已经知晓这些理论，仍是远远不够的，实践才是最重要的。所以，有志于大道的君子便应当时时温习这至道，以免遗忘。这样，君子才会时时刻刻地在德性上有所增益，从而使自己最终成为一个真正意义上的君子。

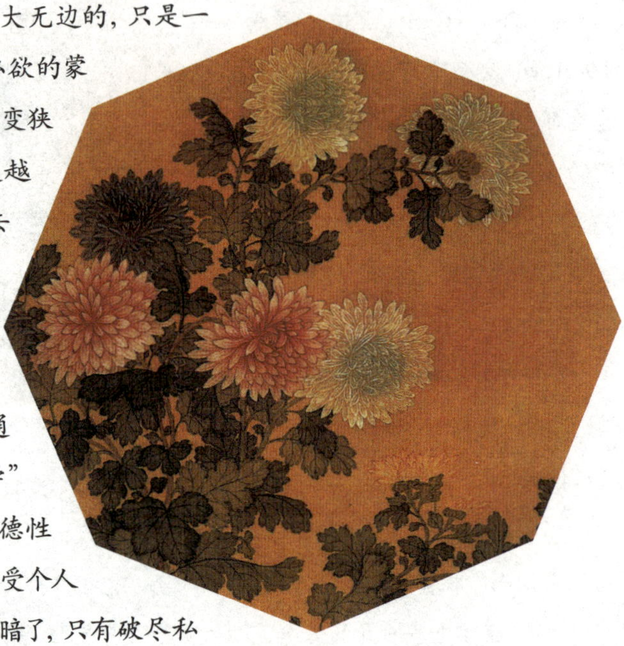

从“是故居上不骄”至“其此之谓与”一节，论君子应抱怎样的处事态度。君子如果能修身进德，道便会充溢他的身体四肢。这样，如果他身居显位，就不会因身处荣华而生骄傲纵恣的心，而会越发地约束自己，谦以待下；而如果他不得显位，也不会因别人对自己不公而心有怨恨，生悖乱之心了。道如果已经根植在君子心中，那么无论世道是清是浊，都不会影响到他。世道清明时，他会把自己获致的大道弘扬开去，影响教化一般民众，使大道流传天下。反之，如果世道昏乱，他便会独善其身，勉力修行自己的至道，不出头露面作无益的说教，因为在乱世中，德行显明的人会成为众人嫉恨的对象，贸然出头，不但不会弘扬大道，反而会危及自身。所以，君子在乱世，最好的处世方式便是独善其身，闭口不言。这样看来，体道的君子无论是处于尊位卑位，还是在治世乱世，都不会有差错了。

子曰："愚而好自用，贱而好自专，生乎今之世反古之道，如此者，灾及其身者也。"非天子不议礼，不制度，不考文[①]。今天下车同轨，书同文，行同伦。虽有其位，苟无其德，不敢作礼乐焉。虽有其德，苟无其位，亦不敢作礼乐焉。子曰："吾说夏礼，杞不足征也。吾学殷礼，有宋存焉[②]。吾学周礼，今用之，吾从周。"

注释

①议：讨论。礼：指有关礼仪的问题。制：制定。度：指有关车，马、爵、禄的等级制度. 考：考究，考定。文：文书或通行的文字。

②说(yuè)：通"悦"，爱好，喜爱。夏礼：夏代的礼仪制度。杞（qǐ）：周代的诸侯国，在今河南省杞县，相传周武王封夏禹的后代东楼公在此。征：证明。殷礼：殷代的礼仪制度。宋：周代的诸侯国。周武王灭商后，封纣的儿子武庚在商的旧都，成王时武庚叛乱被杀，又封纣的庶兄微子在商的旧地，称宋公，这就是宋国。

译文

孔子说："有的人本来是很愚笨的，却又爱自作聪明；有的人本来是很卑贱的，却又爱自作主张。又有一些人，本来是生活在当世，却要违反古人的正道。这样的人，祸患是必定会降临在他们头上的。"如果不是帝王，就不允许随便地议论礼规的正当与否，也不允许随便地改变古制而新制定规章，也不允许随便地考究文字去另造一种。现在天下一统，天下各地的车子两轮之间都一样宽，都用同一种通行的文字，伦理道德观念也一样。即便是某人有天子的尊位，如果不具有圣人的德行，也不敢随便地改造前人留下来的礼规和乐曲。即便有的人具备了圣人的德行，如果他没有天子的宝位，也不敢随便地改造前人留下来的礼规和乐曲。孔夫子曾说道："我可以讲论夏朝的礼规，但是夏王朝的后代，即现在的杞国的制度，是不可以作为证据的。我学习殷商的礼规，现在有殷商的后代宋国存在，但他们的遗礼却不合现代。我学那周王朝礼规，它是被今人所普遍使用着的，我便依从这周王朝的礼规吧。"

评点

这一章申明上文"为下不倍"句的意义，重点在愚而不自用贱而不自专上。

从"子曰：'愚而好自用'"至"灾及其身也者"，点出章旨。作者认为，制礼作乐的权力，是应当操持在天子的手中的。所以，在这里警告那些愚昧却又自作聪明、卑贱却又自作主张的人，要安分守己，作自己分内的事，不允许做自己名分之外的事。如果执意去做，必然会遭到惩罚。接下来，作者从正面申明：只有天子才有资格制礼作乐、考正文字。在这里，"天子"是与后人所理解的皇帝有着本质的区别的。"天子"是指那些因德行显著而被天人推举统治天下的人，而不是德行一般的君王与昏君。礼、乐、文字，是古人认为极其重要的三件大事，如果人人都可以肆无忌惮地议论、改造它们，那么势必会严重威胁天子的威望、权位，所以作者对僭乱行为是极力批判的。天子统一天下体现在制度上的，便是器物形制、伦理道德、语言文字的完全一致性。车是古人乘坐的重要交通工具，一般情况下各诸侯国的两轮大小、轮间距离是各不相同的，各国的风俗习惯、伦理观念、所用的语言文字也是各不相同的。这些差异，体现的是各诸侯国各自独立的状态。而一旦天下一统之后，所有诸侯国就都得听从天子的命令，他们就必须撤销自己国内的独立制度，而与中央保持高度一致。所以说，车同轨、书同文、行同伦是天下一统的标志，因此这些制度是一丁一点也不可以加以违背的。接下来，作者论述了什么人才有资格制礼作乐的问题。如果只有天子的名位而没有德性，或是只有天子的德性而没有天子的名位，全都没有资格制礼作乐。前者不必说，后者如孔子，也一样不敢作礼乐。在作者心目中，符合这两项要求的只有一个人，即周公。接下来，作者引孔子的话来论礼。夏、商、周各朝代的礼仪是各不相同的，作为博物君子，孔子竭力要弄清楚三种礼制的来龙去脉。但夏代距离最远，所以即使有夏的后代杞国在，孔子也不敢轻信杞国所奉行的便是夏礼的原型。商代距孔子的时代近些，所以商礼多少还可以考见，但它只局限在商的后代宋国，所以也不足以征信。只有周礼，据说是由周公制定的，年代既近，又普遍被天下各国采用，所以孔子学习的重点与研究的重点便放在周礼上。孔子认为现在是周的天下，既然生在周朝，就不敢违背周礼规定而去行夏商之礼，这与本章开头部分对“生乎今之世反古之道”的批评是一致的，是前后呼应。

王天下有三重焉，其寡过矣乎①。上焉者②，虽善无征，无征不信，不信民弗从；下焉者，虽善不尊③，不尊不信，不信民弗从。故君子之道，本诸身，征诸庶民，考诸三王而不缪④，建诸天地而不悖，质诸鬼神而无疑，百世⑤以俟圣人而不惑。质诸鬼神而无疑，知天也；百世以俟圣人而不惑，知人也。是故君子动而世为天下道，行而世为天下法，言而世为天下则⑥，远之则有望，近之则不厌。《诗》曰："在彼无恶，在此无射，庶几夙夜，以永终誉⑦。"君子未有不如此而蚤⑧有誉于天下者也。

注释

①王：称王，主宰。三重(zhònɡ)：指议礼、制度、考文三项重要的事情。寡过：少过。

②上焉者：指夏、商的礼仪制度。

③下焉者：指在夏、商之后的人，如孔子。不尊：没有尊位。

④本：本原。本诸身：本原于自身，从自身做起。征：征验，验证。缪(miù)：通"谬"，谬误。

⑤世：世世代代。

⑥道：法则。法：法度。则：准则。

⑦《诗》：指《诗·周颂·振鹭》篇。彼：指夏、商本国。恶(wù)：厌恶，讨厌。射(yì)：《诗》作"斁"，妒忌。庶几：推测之词，差不多。夙(sù)夜：早晚。永终：长久。誉：声誉。诗的大意是：那杞、宋二国的君子，在他本国没有人厌恶，在我周朝也没有人妒忌，早

早晚晚都一样，永远保持好名誉。

⑧蚤：通“早”。

译文

君王要治理好天下，做天下的王，就必须办好三件大事。(即上章所说的制订好礼、乐、文字)。能够办好这三件事，那么这位君王便很少会犯过错了。制度方面，向上推溯，可以一直推溯到夏商二代，这两代的礼制虽然好，但年代久远，没有证验，所以不可全信。既然不相信，民众便不会依照二代之礼去做了。往下推呢，可以推到孔子。孔子虽然德行醇美近于圣人，但他作为一介布衣，而没有登上天子之位。既然没当上天子，百姓也就不相信他了。不相信，自然就不会跟从他了。所以，有道德的君子，要治理好天下，就一定要以自身的德行为根本，再去征验百姓的相信不相信。再去考察夏、商、周三代的礼制，看是否与之相符合。建立在天地中间，而不违背天的意旨；向鬼神求证，而没有疑心的；过了百代之后，等后代的圣人来评判，不被后代圣人认为是悖乱。向鬼神占问而没有疑心，那就表明是知晓天道了；百代之后的圣人也认为他的制度不令人惑乱，那就表明是知晓人情了。因为这些缘故，所以治理天下的君子，他一举一动，就世世代代作为后人的标准；做事，就被后人所效法；说话，就成为后人的法则。人与他距离远些，便会仰望他；人与他接近，也不会因亲近熟识而讨厌他。《诗经·周颂·振鹭》说：“在那边没有人怨恨，在这边没有人讨厌，早晚都谨慎小心，以永久地保有美好的名誉。”大凡有道德的君子，是没有不这样做的。所以能够很早就有很好的名声流传天下呀。

评点

这一章记孔子论治理天下的人应该了解三代之礼，认为为政应当取信于民，从自身做起，为民众立法则，以便为后人立一标准。

“王天下有三重焉”是本章的主旨。这里的“三重”，即制礼、订制度、考文字三项。作者认为，这三项是治理天下的重中之重，应首先做好，这样大纲确立后，就不会有错事发生了。

从“上焉者，虽善无征”至“不信民弗从”一节，论如何才可以使民众相信、奉行正道。作者认为，为天下王，要有德、有位、有时，三项缺一不可。夏商二代久远，因此疑点多，民众不相信，所以不奉行。周礼在当代实行，民众亲眼所见，可以征信，所以人民奉行它而没有失误。

从“故君子之道，本诸身”至“百世以俟圣人而不惑，知人也”一节，讲君子制礼作乐的尽善尽美，与首节“三重”相呼应。作者认为，治理天下的君子制礼、设制度、考文字，根本要从自身做起，即修养自己的德。修好自身之后，人民才会心悦诚服。作者向上考察三王，认为他们也是这样做的。如果真能以德为本，从自身做起，便会取信于民众，取信于鬼神，取信于后世贤人。作者认为这便是既知天，又知人的圣贤之道，可以用来治理好天下了。

从“是故君子”至“近之则不厌”一节，论君子合民心，就会被民众拥戴，与首节“王天下有三重焉，其寡过矣乎”句相呼应。作者认为，办好“三重”之后，进德修身的君子便会被天地神灵与今世人民、后世君子所承认，便会一言一行无不符合大道，从而为子孙后代立法则。

从“诗曰”至“而蚤有誉于天下者也”一节，是引《诗经》中的成句，来为全章作一总结。诗句的原意大致是：夏、殷二代的后裔，现在是我周朝的客人。他在自己的国境内，没有人厌恶他；在我周朝这里，也没有一个人厌恶他。有这样的好处，但愿日日夜夜，能长久地保有这荣誉了。作者引诗，引申的意思则是：有“三重”事业的君子，必须慎德修身，才能够使他近处远处的人都敬爱他，他的言语行动都被人们奉为金科玉律。这是借诗句来申明章旨。

仲尼祖述[①]尧、舜，宪章文、武，上律天时，下袭水土[②]。辟如天地之无不持载、无不覆帱[③]，辟如四时之错行[④]，如日月之代明[⑤]，万物并育而不相害，道并行而不相悖，小德川流，大德敦化[⑥]，此天地之所以为大也。

注释

①祖述：宗法传述。

②宪章：法宪彰显。律天时：遵循自然界的运行规律。袭水土：袭，依从，遵从。水土，泛指大地。遵从大地的运动变化。

③持载：承载。覆帱（dào）：覆盖。

④辟如：譬如。四时：春、夏、秋、冬。错行：交错运行。

⑤代明：交替照明。

⑥小德：指天地化育万物的功用。川流：体现在万物上好像百川的畅流，经络分明，无所不通。大德：指天地化育万物的根本。敦化：坚实宏大而运动变化无穷。

译文

孔子一生尊敬尧舜，以尧舜的为人处世之道作为自己的准则。他还效法周文王、武王的行事作风。在上面，他取法天地运行的常道；在下面，他依着水土因地制宜，行圣人的德行。比如那天地的功用，是没有一样东西不载在它上面的，没有一样东西不由它覆盖。又比如春夏秋冬四季的交替运行，又比如那太阳月亮的交替发光。世上的万物一同生长发育而不会互相戕害，各样的道理一同出现而不会互相攻击。小一些的德行就像那小河流水，虽然各自分流，却终究流入同一条大河里一样。大一些的德行，敦实笃厚，变化着，又好比大河容纳多条小河一样。这，便是天地的伟大之处呀。

评点

这一章赞美孔子这样的大德圣人，其德行像天地一样伟大。可分为数节。

从“仲尼祖述尧舜”至“下袭水土”一节，赞美孔子的学问广博，没有他不知道的。作者赞美孔子，认为只有他才能够尽行中庸之道。孔子取法上古圣人尧、舜，传述他们的高明学问——中庸之道。又能近取文王、武王的伟业，以他们的行事为楷模。他的言行体现了大道，而又能不拘一格，随时因地制宜地变化。孔子可以把尧、舜、文、武的圣道合于一身，所以作者对他发出了由衷的叹赏。

从“辟如天地之无不持载”至“如日月之代明”一节，讲孔子的德行，与天地的德行相等，这是具体地以天地为比拟。作者赞美孔子诸多道德备于一身，就像天地无不覆盖、载持万物一样，孔子的德行是没有遗漏的。而他的随机应变，又像那四时更迭，日月交替一样自然而不失中道。在这里，作者是在上一节的基础上作进一步的形象具体发挥。

从“万物并育而不相害”至“此天地之所以为大也”一节，是专讲天地的博大，而孔子的德行博大虽然没提，却是不言而喻的了。天地之所以最广大，是因为在天地中间有许多东西在同时发育，而却能彼此不相侵害，原因自然是因为天地广大，万物自有生存空间罢了。推而论之，那么天地间的道理更是无穷无尽，而这些小道却同是从天地至道衍生而来。作者接下来以大河喻至道，以小溪喻小道，以小溪的流入大河喻小道与大道的子母关系，既形象又生动，凸显了天地之道的博大。

惟天下至圣，为能聪明睿知足以有临①也，宽裕温柔足以有容②也，发强刚毅足以有执③也，齐庄中正足以有敬④也，文理密察足以有别⑤也。溥博渊泉，而时出之⑥。溥博如天，渊泉如渊，见而民莫不敬，言而民莫不信，行而民莫不悦。是以声名洋溢乎中国，施及蛮貊⑦，舟车所至，人力所通，天之所覆，地之所载，日月所照，霜露所队⑧，凡有血气者，莫不尊亲，故曰配天。

注释

①聪：耳听敏锐叫作"聪"。明：目视犀利叫作"明"。睿(ruì)：思想敏捷叫作"睿"。知：通"智"，知识广博叫作"智"。临：居于众民之上。

②宽：广大。裕：宽舒。温：温和。柔：柔顺。容：包容。

③发：奋发. 强：强力。刚：刚健。毅：坚韧。执：执著，固守。

④齐庄：齐，通"斋"，恭敬。中：执中。正：守正。敬：恭敬。

⑤文：文章。理：条理。密：周详。察：明察。别：辨别是非。

⑥溥:周遍。博：广阔。渊：深邃。泉：源泉。"溥博渊泉"四个字是形容内心的道德修养达到了"至圣"的最高境界。时出：随时表现在外。

⑦蛮貊(mò)：蛮，古代对南方少数民族的轻蔑称呼；貊，古代对东北地区少数民族的称呼。

⑧队:通"坠"，坠落，落下。

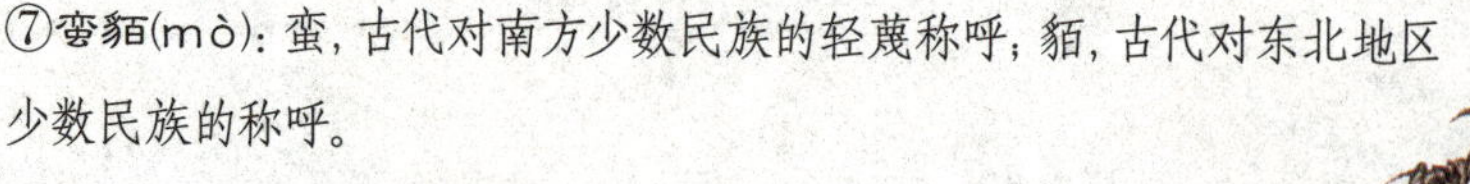

译文

只有天下绝顶的圣人，才能够真正耳聪目明，能体察出事物的真伪，能运用灵巧的心思与特别的卓识来认知、判断事物，他有足够的才智来监督众人。他志气很高，性子却很宽裕平和，易于亲近。因此，他有足够广阔的胸怀来容纳下别人。他主意一定，则坚决而果敢，能够不屈不挠，贯彻始终。因此，他有足够的勇力坚持自己的正确主张。他容貌像在斋戒中时一样地端正庄严而又中正平和，因此，他的威仪足以使人肃然起敬。对于事物的表层与深层，他能够深入详细地考察，所以，有足够的眼光来鉴别事物真伪。他像那很大很深的泉水一样，能时时流泄出来。他像那无边无沿的青天一样，又像那源深而流远的清泉与深不见底的水潭一样，因此，当他的圣德流布在外的时候，人民都恭恭敬敬。他说的话，人民没有一点怀疑的；他做的事，人民没有一个不欢欣鼓舞的。所以，他的美名在广大的中国流传着，并一直传布到四境之外的野蛮民族中间。凡是船与车所能达到的地方，凡是人的力量所能达到的地方，凡是天所覆盖的地方，凡是地所负载的地方，凡是日月所照耀的地方，凡是霜露所降临的地方，凡是有血有气的生物，没有一个不尊重并亲近他的。所以说，这样的有德君子是可以与天相配的。

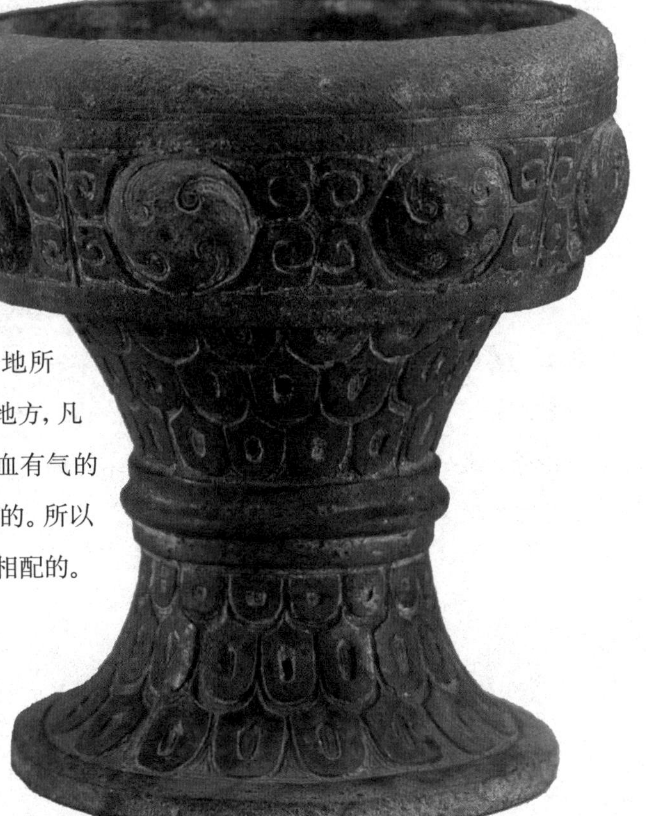

评点 

这一章全是对至德至圣的君子的赞美之辞。

从“惟天下至圣”至“足以有别也”，是一章的主干部分。耳无不闻，目无不见，智无不通，自然足以君临天下，这些是唯有至诚的圣人才能做的事。圣人具有仁义礼智四德，仁，使他宽宏大量而又温和柔顺，足以包容他的对错；义，使他在原则性问题上坚贞不屈，足以执守正道；礼，使他威仪尊严，足以使他以礼敬之心对人对事；智，使他明辨是非真伪，足以明断事理人情。这些，都是作者所叹美的圣人特质。接下来，作者以渊深而又流溢的泉水比喻他。溥博，是充满状。渊，深。时，指应时。圣人内中的至道充足，就如同深深的泉水一样，无不周遍，却又渊深沉静，不可测度。作者以渊深喻其德之大，以时流喻其化育范围之广。有了这样深广而慷慨的至德，所以天下的一般民众就会为他而自豪，就会发自真心地拥戴他，他不经意中的一言一行都会成为人们仿效的对象了。接下来，作者不厌其烦地称说了圣人名声流布之广。百姓既然发自真心地喜爱他，所以他的美名不胫而走，传布于上下四方。人民不仅仅只传他美名而已，而是像对慈爱的父辈一样地尊敬他，这样，天下难道还有治理不好的吗?作者的意见正是寓含在这赞美之辞中。

唯天下至诚，为能经纶天下之大经，立天下之大本[①]，知天地之化育。夫焉有所依[②]？肫肫其仁！渊渊其渊！浩浩其天[③]！苟不固聪明圣知达天德者，其孰能知之？

注释

①经纶(lún)：治理，筹划国家大事叫作“经纶”。大经：大政，大事，常道。立：建立。大本，指仁义礼智等立国的根本。

②依：依靠。

③肫肫(zhūn zhūn)：形容诚恳的样子。渊渊：深沉的样子。浩浩：广大的样子。

译文

只有天下最诚心的人，才能够规划天下的常道(比如君臣、父子、兄弟、夫妻、朋友等)，才能够确立天下的根本(比如君臣有义，父子有亲，夫妇有别，长幼有序，朋友有信等)，才能够明晓天地的变化与万物的生育之道。他没有别的倚靠，他依靠的只有自己的至诚之心罢了。他诚诚实实地研求各种道理，这是他仁心的体现。他深深沉沉地清静他的心志，以确立根本，就像那渊深的水潭一般。他化育万物，广大无边，就像那上天一样。如果不是他天然的聪慧，又有圣人的见识，是通达德性的至人，又有哪个人能掌握这大道呢？

评点

这一节赞美至诚圣人的伟大。从"惟天下至诚"至"夫焉有所倚"，申明至诚的功用乃是出于自然。作者认为，至诚的人，能掌握天下的至道，对于各种伦理，都能发挥到极致，足以作天下人与后世人的法则。他凭着至道，可以建立天下的大根本，把所有伦理、道德不含私欲地运用、发挥出来，可以统驭千变万化的道理，明晓至诚不息是一切的根本，而不是凭借着别的什么东西存在。接下来，作者赞美了至诚君子的仁、深、大。至诚君子之所以能理治天下，靠的是胸中厚积的诚意。诚意到底是怎样的呢?作者用"肫肫然"、"渊渊然"、"浩浩然"三个形容词描绘它的仁和、渊深、广博特征。结尾一句，是作者的反问。意思即是：只有至诚通神的圣人，才能通晓天地至道。

《诗》曰："衣锦尚絅。"恶其文之著也[①]。故君子之道暗然而日章[②]，小人之道的然而日亡[③]。君子之道淡而不厌，简而文，温而理，知远之近，知风之自，知微之显[④]，可与入德矣。《诗》云："潜虽伏矣，亦孔之昭[⑤]。"故君子内省不疚，无恶于志[⑥]。君子所不可及者，其惟人之所不见乎。《诗》云："相在尔室，尚不愧于屋漏[⑦]。"故君子不动而敬，不言而信。《诗》曰："奏假无言，时靡有争[⑧]。"是故君子不赏而民劝，不怒而民威于鈇钺[⑨]。《诗》曰："不显惟德，百辟其刑之[⑩]。"是故君子笃恭而天下平。《诗》曰："予怀明德[⑪]，不大声以色。"子曰："声色之于化民，末也[⑫]。"《诗》曰："德輶如毛。"毛犹有伦[⑬]，"上天之载，无声无臭[⑭]"，至矣。

注释

①《诗》：指《诗经·卫风·硕人》篇。衣：动词，穿。锦：华丽的服装。尚：加上。絅(jiǒng)：禅衣，单布衣。恶(wù)：厌恶。诗的意思是：穿着华美的绸衣，上面罩上一件单衣，因为不喜欢它的文彩太耀眼了。

②暗然：深藏在内的样子。章：通"彰"，彰显、表现在外。

③的然：有意地表现出来。亡：消亡。

④淡：淡薄。厌：厌烦。简：简朴。文：文彩。温：温厚。理，条理。远：指天下、国家。微：固然在中。显：彰显在外。

⑤《诗》：指《诗经·小雅·正月》篇。潜：潜藏。伏：隐伏。孔：当"甚"字讲。昭：昭显。诗的大意是：鱼儿深潜在水底，也是看得很明显。

⑥疚:病。恶(wù):愧恨。志:心志。无恶于志:无愧于心。
⑦《诗》:指《诗经·大雅·抑》篇。相:当“看”字讲。尔:你。屋漏:居室的西北隅,古时在居室的西北隅祭神,这里指深居独处的时候。诗的大意是:看在你室中祭神,身在暗处不惭愧。
⑧《诗》:指《诗经·商颂·烈祖》篇。奏:进前。假(gé):通“格”,感通。靡:没。诗的大意是:进宗庙感通神明,个个诚敬无言,这时不会发生争执。
⑨劝:劝勉,勉力。铁钺(fū yuè):古代的两种兵器。
⑩《诗》:指《诗经·周颂·烈文》篇。不:通“丕”,当“大”字讲。丕显:大显。百辟(bì):诸侯。刑:通“型”,典范,效法。诗的大意是:异常昭显的大德,诸侯都来效法他。
⑪《诗》:指《诗经·大雅·皇矣》篇。予:我。怀:怀有。明德:天赋的德行。诗的大意是:我怀有天赋的大德,不必厉声厉色地教训人。
⑫化:教化。末:末节。
⑬《诗》:指《诗经·大雅·烝民》篇。輶(yóu):轻。毛:羽毛。伦:比。诗句的意思是:德行轻轻像羽毛。毛犹有伦:像羽毛总还是有形可比。
⑭见《诗经·大雅·文王》篇。载:事情。诗句的意思是:上天化育万物的事情,是无声无息的。

译文

《诗经·卫风·硕人》说:“她里面穿着绸缎衣服,外面加了一件单衣。”之所以在绸缎衣服外加上单衣,是因为嫌恶那绸衣文彩太显眼啊。所以有道德君子所奉行的大道,外表好像看不清,却在内里有蕴藏,所以一天一天地显现出来。反之,那些小人的小道,外表看起来很是光明,但因为内里没有蕴含,所以一天一天地消减。有道德君子所奉行的大道,看似清淡,却越钻研越有味,不会叫人厌倦;看似简单,其实却很有文采;看似平和,其实却很有条理。知道远是从近而来的,知道风吹的道理,知道再细微的东西也会彰显。能够明晓这些,就可以算是知晓德了。《诗经·小雅·正月》说:“虽然隐藏了起来,却也是昭昭然地明显呀。”所以,有道德的君子无论

在什么时候、什么情况下省察自身，都不会因做错事而有愧疚之情，也不会有什么事会损害自己完美心志的。有道德的君子，一般人之所以及不上，那就在寻常人所看不见的自我存养功夫吧。《诗经·大雅·抑》说："总有在暗中窥视着你的，在你自己的屋中，只要不做有愧于屋漏神的事，便不用害怕。"所以，有道德的君子不必有所举动，自然会有人尊敬；不用说什么话，自然会被人信任。《诗经·商颂·烈祖》说："默默地呈献一片诚心去感动神明，便不会有纷争。"所以，有道德的君子，不用设立赏格，而民众自然会争先恐后地行善事；不用大发脾气，而民众自然会畏惧他比畏惧那斧头还厉害。《诗经·周颂·烈文》说："大大显耀在外的是那有德之人，诸侯们都要效法他。"所以，有道德的君子，自己厚厚实实，恭恭敬敬，天下便会自然而然地太平。《诗经·大雅·皇矣》说："我归向那德行显著的人，他从来不大发脾气吓唬人。"孔子这样评价这两句诗："用疾言厉色去教化民众，是最最下策。"《诗经·大雅·烝民》说："德行人人能够修行，它轻得像一根毛，人人都可以举起它。"这里所说的德行还可以用有形质的毫毛来比拟。《诗经·大雅·文王》说："上天生育万物，没有一点儿声音听得见，没有一点儿气味闻得见。"这真是说得恰当极了。

评点 

这一章论君子之德应该是怎样的，并再次强调应该以德化民。

从"诗曰：'衣锦尚絅'"至"可与入德矣"，通过君子之德与小人之德的对比，揭示君子之德的博大高明。这里引用的诗句出自《诗经·卫风·硕人》，原意是诗人对庄姜衣服的赞美，而在这里，作者赋予了诗句以新的含意。诗句原只是描写庄姜绸衣之外又加一单衣，而作者则引申为君子不显扬自己的美德。在《中庸》的结尾，作者再次揭出中庸主旨，指出中庸的入门功夫仍然要落到君子自身的修洁上来。君子虽然有美好的德行了，但却不可以自己主动地显扬，而且要加以遮盖，这是古人所提倡的谦退自持美德的体现。作者提倡君子修德，要暗暗用功，要切忌自吹自擂。只要长期坚持不懈，自然会使自己德行修进，那么身内的大道便会自然而然地显示出来，从而引起别人的敬慕、仿效。论罢君子的谦抑自退，作者紧跟着又论小人的可笑可鄙行为。小人用力不在自己的内心笃实，而在于外表的粉饰，但他光作表面文章，而没有内心的诚意，所以必然会最终露出马脚，因为一时的外表的虚华是遮不住内里的空疏的。时间一长，他的空疏浅薄就会暴露无遗。接下来，作者探讨了君子、小人之道的本质差别。君子只在内里用功，所以外表上一时看不出高深，只是好像浅白，但接触时间一长，人们就会被他内里的诚笃所吸引，所以君子之德是嚼橄榄式的，越品越有味；而小人只在外表下功夫，有名无实，接触一长，人们就会渐渐认清他空虚其内金玉其外的本质，就会鄙弃他，所以小人之德是不能获得人长久的尊敬的。作者对比了小人之德与君子之德后，就详细描述了君子之德的特征：看似简略，实则英华内敛；看似温和，实则条理清晰；看似疏远，实则亲近。这是大德君子所不可企及之处，与小人绝不相同。

从“《诗》云：‘潜虽伏矣’”至“故君子不动而敬，不言而信”，论慎独存养是君子修德的功夫。作者先引《诗经·小

雅·正月》中的两句发起议论。与上引《硕人》一样，作者在这里也是断章取义，在古人诗句中加入了自己要表达的意思，下引各诗句情况也是一样。作者认为，君子修德，重在慎独。鱼儿潜伏得再深，也会被眼光锐利的渔夫发现。因此，慎独的君子，反心自省，考察自己心中是否有愧疚的事是至关重要的，因为君子修德不是为了摆个样子给人看的，而是为了使自己确实能在德行上有所收获。作者又紧接着引用《诗经·大雅·抑》中的两句引出议论。诗句意谓，君子即便在别人不易察见的屋角，也不敢为非做歹，怕有不当之事而愧对于屋漏神。这样看来，讲究慎独功夫的君子，平日不懈怠，时时进德，所以不用有所动作就会获得他人的敬重，不用言语赌咒发誓便会获得人们的信任。这都是诚于中，形于外的功夫，是修养功夫的极点了。

从"《诗》曰：'奏假无言'"至"是故君子笃恭而天下平"，论民众仿效，民众畏服，从而国治天下平，是论慎独修身的政治效验。与前几节一样，作者仍是以引诗开头。诚笃恭敬的人不用多说话，自然会得到神明的佑助与民众的畏服。这样说来，成德的君子，会以一身为榜样去号召天下人，不必苦心焦思设立刑罚，而天下民众自动会跟从他步入善境，这便是作者在《大学》中曾一再提到过的身修而后天下平的意思。作者推而论天子，只要天子德行修洁，以身作则，那么属下的诸侯们便会争先恐后地学习他为善，自然天下大治了。因此，有德有位的笃诚君子，只要内心修洁，即便不显扬在外表，自然有感化他人的人格魅力，自然会以一身而使天下平治。

从"《诗》曰：'予怀明德'"至"无声无臭，至矣"赞叹笃诚君

子德化之大。在这里，作者更是频繁引诗以为佐证。"予怀明德"句出自《诗经·大雅·皇矣》。《皇矣》句原意为：我思念文王的大德，他不用发号令，也不用发怒，而自然使臣下敬服他，行善事。这其实正是作者所大力提倡的德化仁政。接下来，作者引孔子对这两句诗的评价来替代自己的评述，以德化民是为政的根本，以刑治民是为政的最下策。作者为政的倾向性、对德化的颂美都是很明显的。作者又引《诗经·大雅·烝民》"德輶如毛"一句，极言德的可为。作者把德比拟为毫毛，并不是取其不重要意，而是取其人人可拿得起的意义，即只要用心，人人皆可以成为有德君子。把德比拟为毛，虽然形象，但还不十分恰当。因为德作为至道，是没有形质的，而毫毛虽然轻，究竟还有形质。所以，作者认为《文王》中"上天之载，无声无臭"两句才能说明德的根本性质，即其不可见不可闻的广大而又无形的特征。这是臻于极致的德。

总评

和《大学》一样，《中庸》原本也是《礼记》中的一篇文章，古人并未对它特别重视。到了唐代，韩愈和李翱开始重视《中庸》。到了北宋，程颢、程颐兄弟开始极力鼓吹它的重要地位。二程认为它是“孔门传授心法”，是孔子的后人“子思恐其久而差也，故笔之于书，以授孟子。其书始言一理，中散为万事，末复合为一理。放之则弥六合，卷之则退藏于密，其味无穷，皆实学也。善读者玩索而有得焉，则终身用之有不能尽者！”二程对《中庸》作这样高的评价，是与其哲学观点紧密相关的，他们是借《中庸》来阐发自己的哲学理念，他们把它视为“孔门传授心法”，从孔子到子思到孟子，再到自己，完全以道德的正宗自命。说《中庸》是传自孔子，子思笔录，并没有任何可靠的文献可作佐证，是不可信的，二程与朱熹把它抬高到“前圣之书”的高度，也是不恰当的。但不可否认的是，《中庸》是一篇蕴含有深奥哲理的重要古代思想文献，在剥落它神秘外衣的同时，我们也不能对它的重要意义有所忽视。对于今人，《中庸》仍有重要的认识意义。

《中庸》在二程手里被大力提倡，到了南宋，朱熹干脆把它与《大学》从《礼记》四十九篇中分割出来，与《论语》、《孟子》一道合称“四书”，并对之后数百年封建社会读书人的思想产生了极大的影响。

客观地分析《中庸》，“中”，即是恪守中道，没有偏倚的意思。“庸”，就是常。“中庸”，即常守中道的意思。篇名虽冠以“中庸”，但整篇文章讲的却不局限于中庸，还包括修身、治国等问题。从全篇来看，集中讲中庸的，只是从开头到孔子论“素隐行怪”这一部分，而其余的《中庸》章节，则内容宽泛，这部分文章的中心论题有两个，一是论“诚”，一是论治国平天下，但如果把这两大主题也勉强归于“中庸”主旨，也还可以说得过去，所以二程说本文“始言一理，中散为万事”。